Order this book online at www.trafford.com/05-2084
or email orders@trafford.com

Most Trafford titles are also available at major online book retailers.

Note for Librarians: A cataloguing record for this book is available from Library
and Archives Canada at www.collectionscanada.ca/amicus/index-e.html

Printed in Victoria, BC, Canada.

ISBN: 978-1-4120-7189-5

*We at Trafford believe that it is the responsibility of us all, as both individuals
and corporations, to make choices that are environmentally and socially sound.
You, in turn, are supporting this responsible conduct each time you purchase a
Trafford book, or make use of our publishing services. To find out how you are
helping, please visit www.trafford.com/responsiblepublishing.html*

*Our mission is to efficiently provide the world's finest, most comprehensive
book publishing service, enabling every author to experience success.
To find out how to publish your book, your way, and have it available
worldwide, visit us online at www.trafford.com/10510*

www.trafford.com

North America & international
toll-free: 1 888 232 4444 (USA & Canada)
phone: 250 383 6864 ♦ fax: 250 383 6804
email: info@trafford.com

The United Kingdom & Europe
phone: +44 (0)1865 487 395 ♦ local rate: 0845 230 9601
facsimile: +44 (0)1865 481 507 ♦ email: info.uk@trafford.com

10 9 8 7 6 5 4 3 2

MI SEGUNDA LENGUA

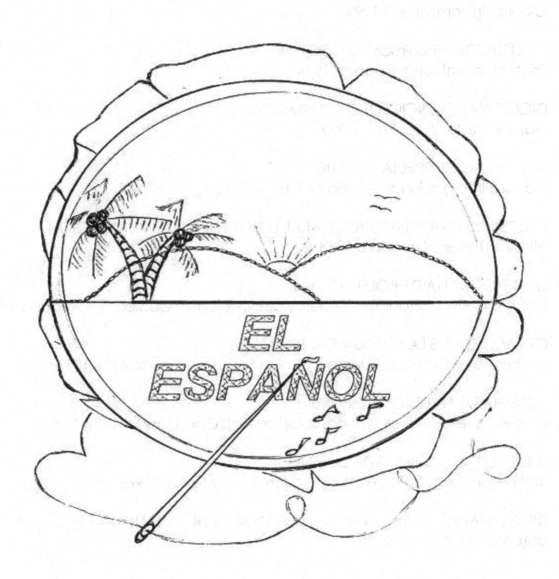

EL ESPAÑOL

BY
BERTHA L. ALBORNOZ

BIBLIOGRAFIA

PEDAGÓGICO UNIVERSAL
Pintar Colombiana. Bogotá 1995

EL DICCIONARIO OXFORD
Oxford University Press 1994

CONSULTOR. Sinónimos y antónimos
Printer Colombiana. Bogotá 1994

DICCIONARIO ENCICLOPÉDICO BÁSICO
Plaza y Janés. Barcelona, 1977

Nueva ENCICLOPEDIA TEMÁTICA
Planeta Internacional S.A. Barcelona, 1993

Lingüística: UNA INTRODUCCIÓN AL LENGUAJE Y COMUNICACIÓN.
Alianza Universal. Madrid, 1983

LA ORTOGRAFÍA DE BOLSILLO
Francisco Alvero Francés. Edición y distribuciones Códice, S.A. Madrid 1980

GRAMÁTICA DE LA LENGUA CASTELLANA
Andrés Bello, Rufino J, Cuervo. Editorial Sopena Buenos Aires 1985

HISTORIA DE LA LENGUA Española
Rafael Lapesa talleres gráficos Escelicer S. I. Canarias, Madrid, 1955

LOS BUENOS CAMINOS DE LA LENGÜÍSTICA
Bertil Malmberg. Siglo veintiuno editores S.A. México, 1967

DICCIONARIO DE SINÓNIMOS Y ANTÓNIMOS DE LA LENGUA ESPAÑOLA
Editorial Ortells

MI SEGUNDA LENGUA

LIBRO DE ESPAÑOL

MÉTODO ANALÍTICO
QUE ENSEÑA A PRONUNCIAR, LEER, Y ESCRIBIR DE MANERA CORRECTA, FÁCIL Y AGRADABLE.

Pertenece a :_____

"QUERER ES PODER"
Lo que se quiere se puede hacer.

Dedicatoria

Mi Segunda Lengua

Este libro, querido niño y niña es para ti; lo hice con mucho amor.

Cuídalo con esmero, será un recuerdo verdadero de tus primeros pasos

en el aprendizaje del idioma español.

Siempre podrás consultarlo.

Bertha L. Albornoz

AUTORA   AUTHOR
Colombiana de nacimiento.   Native Colombian.
Estadounidense por naturalización.   Naturalized American citizen.
Profesora de español en escuelas de primaria, secundaria y educación para adultos.
Teacher of Spanish; elementary/secondary schools and adult education.
Spanish teacher at the Berlitz Institute of Languages

BACHILLERATO SUPERIOR
Colegio de Maria Inmaculada Colombia S. A, 1955
UNIVERSIDAD JAVERIANA 1956-1957

Publications: PAGINA INFANTIL (The Children Page) El Heraldo de Maryland
RETAZO INFANTIL (The (Children Piece) El Mensajero
My favorite philosophical quote " The truth shall make you free"

THE BALTIMORE CITY COMMISSION FOR WOMEN
Inducts
Bertha L. Albornoz
Into
THE WOMENS' HALL OF FAME
March 28, 1998

I wish to express my sincere thanks to Dr. Frank Chiofalo, Superintendent of Schools, (Ret.), Hawthorne, NJ for his support, interest and guidance which have made the publication of this manuscript possible. To my husband, Jose M. Albornoz, MD., (Psychiatry) whose graphic illustrations have been so valuable in bringing forth the messages I wanted to convey in this publication. A special thanks to my daughter Patricia Acosta, Bachelor of Arts in Spanish and French who is an experienced foreign language teacher and author of two children's stories in Spanish. I also thank my friend Maria Delia Uribe de Gomez, Professor of Spanish and member of the National Academy of Languages. Finally, my thanks to Sister Marie Neil Corcoran for her valuable opinions and following comments which have helped so much to bring this project to fruition.

✳

"At last, a text for teaching Spanish to children which realistically faces the need! As a Director of the Hispanic Apostolate and a teacher of Spanish and English for many years, I have been appalled by the lack of adequate and successful materials to teach Spanish to the youngsters in our schools.

While being encouraged by the increasing awareness that acquisition of second language competency, namely Spanish, is an absolute must in today's world, I have been discouraged by the lack of coordinate planning for a systematic and successful pedagogical approach.

School administrators will welcome this book, MI SEGUNDA LENGUA from a field tested Spanish teacher, Bertha L. Albornoz, in that both MI SEGUNDA LENGUA and her upcoming book, MI AMIGO, do not rush into language learning, but rather make the process a rewarding experience. Language teachers will welcome this publication because it offers a guide to sequential and successful teaching of Spanish as a second language for children."

Sister Mary Neil Corcoran, Ph.D

Mi Segunda Lengua

Prologue

MI SEGUNDA LENGUA provides Spanish instructors with an easy to use textbook providing a visual and verbal approach, which will engage students in the learning process. The material provided in the textbook presents a clear and fun approach to teaching and learning the Spanish language.

MI SEGUNDA LENGUA will facilitate teaching students to read, write, and reproduce orally, all the sounds represented in the Spanish language. Beginning with individual vowel-consonant combinations, students will proceed with simple vocabulary words and phrases in an organized fashion. In addition, the program offers fascinating passages providing historical information and folklore about Latin America. Conveying the nature and excitement of Latin American culture is an important part of the overall teaching approach.

MI SEGUNDA LENGUA, is designed to be used without any additional textbook, but may be used to supplement other instructional materials. Each page is designed to allow the teacher maximum flexibility to structure his or her class within the goals of the method. The material in this book can be used at any level, but is targeted toward beginner and intermediate level Spanish students.

Format:

Mi Segunda Lengua is divided into ten chapters.

In Chapter one student will be equipped to painlessly break the code to a new system of pronunciation through the gradual and thorough presentation of vowels in phonemes and simple vocabulary words.
Five pages are devoted to each vowel. They are entitled Pronunciación. Repito. Leo y entiendo. Vocabulario and Suplemento para alumnos avanzados.

Pronunciación-introduces an individual vowel using a two-column format. One for the vowel and the other for simple vocabulary words using that vowel.

Repito- combines the vowel in single syllables with consonant sounds familiar to English speaking students. To add flexibility to the program, a third column using more difficult Spanish sounds has been included for advanced students.

Leo y entiendo- is designed for student mastery of pronunciation and comprehension. Fun and clear drawings facilitate the comprehension of familiar vocabulary. The teacher may choose to use the nouns listed in column one for practice with numbers, indefinite articles, possessive adjectives or demonstrative adjective.

Vocabulario- the vowel presentation concludes with this list of additional easy words for further practice of oral pronunciation. The teacher may use these words to compose simple homework assignments or to practice basic grammatical structures.

Suplemento para alumnos avanzados- complements the third column of repito *by* providing additional vocabulary words using these more difficult Spanish sounds.

Chapter 1 ends with a presentation of two vowels together.

Chapter 2 begins with the introduction and oral practice of the three consonants, which are foreign to the English alphabet. Spanish consonant sounds from b *to* n *are* presented in alphabetical order. Each consonant is presented individually with easy vocabulary words and drawings on a page entitled Leo *y entiendo.* It is followed by Página de lectura, *which* lists common nouns and incorporates some of them in simple sentences.

Chapter 3 the remaining Spanish consonant sounds   from ñ   to z is presented.   It concludes with lists of words for the oral practice of consonant combinations, such as *bla, gra, pra, tra,* fla, *etc.*

The remaining chapters of the book build on the solid phonetic groundwork established in Chapters one through three. The unique and creative approach of Mi Segunda Lengua will motivate students to continue their study of Spanish.

Chapter 4 takes the student into the world of numbers, finance, and time. By exclusively using familiar drawings from Chapters one through three students are allowed to focus solely on numbers and are forced to review vocabulary already learned. This is also the ideal opportunity to discuss and practice the formation of the plural form of nouns. Once the numbers have been   learned, students   will   use   them   in   simple   mathematical operations suited to their abilities.   Cultural awareness of differences in currency can be discussed when money is presented. At the end of Chapter four, students apply the numbers they have learned to tell time.

Chapter 5 differs from all other chapters in the book. It is a grammatical reference chapter, which includes ten essential grammar points with easy-to-understand explanations. The flexible organization of Mi Segunda Lengua allows for the easy incorporation of grammatical elements into other chapters. It is recommended that the grammar be presented in small helpings so that the students can more easily digest it. The teacher may choose to organize grammar instruction in whatever manner best style and class ability.

Chapter 6 is filled with culturally significant information and vocabulary like national independence days, a list of Spanish speaking countries, national products, proverbs, and riddles, the Legend of El Dorado. VIP. Etc.

Chapter 7 is a sampling of Hispanic literature. It includes poetry, fables, and songs.

Chapter 8 presents conversational vocabulary such as *my name is with, girls and boys names. How are you? ~ How old are you?* ~ How is the weather? *Etc. Daily expressions, meeting our people, and "magic words"*

Chapter 9 the student will learn the simple vocabulary of their world. Included in this chapter are family members, home (rooms of a house and furniture), the body, the face, and school, the library, the supermarket, restaurants, foods, and methods of transportation.

Chapter 10 presents vocabulary including geographical expressions, minerals, precious stones, the solar system, months and seasons of the year, days or the week, colors; it also includes my passport.

Through this book, students will learn about food, fruit flowers, animals, insects, costumes, interesting readings, holidays, birthdays, Mother's Day, the compass with the cardinal points, and important pages about Columbus, Bolivar, Ed Wittin, Rafael Pombo, Don Bosco, Pinocchio Etc.

THE PURPOSE OF THIS BOOK

The intention of this book is to expose native English-speaking children to the time–tested methods with which generations of native Spanish speakers learn to read and write Spanish. It is designed specifically for those children who have little or no exposure to Spanish.

Here lies the importance of the book, MI SEGUNDA LENGUA. The beauty and simplicity of the Spanish language will be engrained in the child's mind through its systematic approach. The Albornoz method will successfully teach children to recognize, read, write and reproduce orally, all the sounds represented in the Spanish Language. This is perhaps the best and only method ideally suited for attaining definitive results for learning in the Spanish language.

IDEAS FOR TEACHERS

1. Make a set of alphabet cards with letters students have already learned. Have students draw a card and pronounce the letter correctly. Divide into teams and see who can get the most correct!
2. Have a section of the bulletin board for "el sonido/la letra de hoy" with pictures and words using the letters.
3. Toss a ball and challenge students to think of words using the letter that you say.
4. Have students keep their own "diccionario" that they can decorate at the beginning of the year and refer to frequently.
5. When stories are read, bring props and ask some students to act out what is happening in the story as it is being read to the class.
6. Stop telling a story at a certain point, and have the students write their own brief ending is Spanish.

7. Tie in the vocabulary and songs with special attention to phonics already mastered. They would make great performance assessment tools.
8. For the "analicemos nuestras frases" on page 143, use magnets with different words/endings to create sentences. Have contests to see who can unscramble or create them fastest.
9. Play a game called "verbo" with the –ar, -er, -ir verbs. It works like bingo. Students fill in the grid with infinitives and the teachers call them out. When a bingo is called, the teacher names a subject and the students must repeat the verbs in the "verbo" using that subject in order to win.
10. Page 121 El dinero- challenges the students to find a copy of each of the monies listed on the page. The student who finds the most wins.
11. Pages 118/119 Vamos a multiplicar / Vamos a dividir – divide the class in two teams. Each team creates 10 problems for the other and score is kept to see who can get the correct answer.
12. Pages 102/103 Dos Consonants Juntas make flash cards with the combinations of consonants. Students must write down a word from memory that starts with the combination that is shown.
13. A fun alphabet exercise is for students to make an eye chart and test each other on the sounds that the letters make.
14. For the "Leo y Entiendo" have students write a story, inserting the Spanish word and picture shown on page 94-99 (similar to pages 54-55) make the writing big and colorful to display. You could also use magazine cutouts instead of free hand drawings. Share them with the class.
15. Create a memory game using the "Leo y Entiendo" vocabulary and pictures.
16. For page 130/131 Artículos, have students create 4 columns, one for each article. The teacher reads a word and students categorize it under the proper article.
17. Also for articles, make cards with articles largely printed on each side of the top and bottom of the card. As the teacher calls out a word, students must show the correct article. The teacher then checks for understanding.
18. For body parts, have students create a bizarre person from magazine clippings and label all of his parts.
19. Using index cards students can create their own alphabet file box. The cards should include a letter, and object that begins with it and the

word spelled out. Students can add words to the file as they learn combinations of letters and new vocabulary.

20. For the "página de lectura , have students write their own sentences similar to the ones on the pages.

SUGERENCIAS A LOS PROFESORES

Este método de enseñanza está destinado a todo estudiante interesado en el aprendizaje del idioma español. El objetivo primordial es lograr que el estudiante, al finalizar el libro "MI SEGUNDA LENGUA", pueda hablar, leer y escribir correctamente.

Con una base sólida en la fonética y la comprensión de las palabras del idioma español, el estudiante puede comenzar a leer textos elementales que desarrollen su curiosidad natural y penetrar en el significado de las palabras, de manera que pueda enfrentarse sin miedo a frases desconocidas.

Apuntes de teoría elemental se incluyen en algunas páginas a manera de explicación. En la página 2, el sustantivo propio **Ana** me permite enseñar que el idioma español no duplica sus consonantes a excepción de la **[ll]** (elle) y la **[rr]** (erre), que constituyen un fonema cada una. El caso de la **[c]** en palabras como diccionario, lección, accidente, etc., obedece a la necesidad de pronunciar ambas letras: [cc] se pronuncia \kz\ o \ks\ según se trate del idioma en España o en Hispanoamérica. La duplicación de la [n] obedece a la coincidencia con el prefijo [**in-** necesario, **con-** notación]. En el idioma español **no** existen los dígrafos **PH ni TH.**

Las páginas del libro "MI SEGUNDA LENGUA" están llenas de ideas, bien sea que hablen de números, costumbres o gente importante. Ej.: En la página159, donde se menciona al escritor Gabriel García Márquez, podemos hablar del café, la República de Colombia, las banderas, los premios. Hay poemas sencillos y cortos para memorizar, dibujos para colorear, expresiones de uso diario, un extenso Glosario y listas de vocabulario temático, para facilitar los ejercicios y tareas.

En referencia a las páginas "Leo y entiendo": **Leo** porque sé leer y **entiendo** porque veo las ilustraciones. A medida que el estudiante progresa, incluyo la gramática de acuerdo al nivel académico. Debo seguir secuencia en los capítulos hasta el momento en que crea necesario enseñar con páginas de otros para explicar o aclarar un punto o una idea en una lección.

Los capítulos, hasta cierto punto, están inter.-relacionados.

Al empezar el capítulo de las consonantes encontramos vocabulario y frases para leer, comprender, repetir: "Repetir es el nombre del juego". Es una propuesta pedagógica que facilita la comprensión, la memoria y la pronunciación; para ello, las consonantes son presentadas dentro de un vocabulario y unas frases que lo contienen.

La pronunciación correcta de las vocales es fundamental. Debo presentarlas, una por una en sílabas, primero con las consonantes que tienen un sonido igual o parecido en el idioma inglés, hasta que el estudiante pueda decirlas, y escribirlas correctamente; estas sílabas le ayudarán pronto, de manera precisa, a escribir y leer palabras y frases sencillas.

Metodología

1- Los dictados y pruebas con **Fuga de Vocales** (page. 35 *) son un recurso preciso para comprobar el aprendizaje. Las tareas deben ser cortas y fáciles. Si las tareas son claras, ayudo al estudiante a que se interese en hacerlas con esmero y a aprender, aún más, cuando hace las correcciones.

2- Aprender otro idioma no es difícil, si el profesor acude a ayudas didácticas tales como cantar, dibujar, colorear, jugar, para hacer de la clase un rato agradable y garantizar así su eficacia. El libro **MI SEGUNDA LENGUA** le facilita la preparación de la clase, una vez se familiarice con el método.   Puede cantar, si tiene en cuenta que al hacerlo, no enseña canto sino español. A los estudiantes les encanta hacer solos, duetos, tríos, cuartetos y coros. Siempre hay quien se ofrece a cantar una vez que escucha al maestro.

3- Las listas de palabras incluidas en los capítulos ofrecen la oportunidad de trabajar, ya sea con las definiciones del diccionario, con dibujos o con representación mímica, para adquirir con entusiasmo el vocabulario. Las páginas tituladas "GLOSARIO" (238/239/240) no tienen las traducciones; se pueden asignar como tarea y entonces construirán su diccionario privado. La traducción de las palabras es rápida cuando cada estudiante busca una   palabra y lee su respuesta para que todos la copien. No se recomienda trabajar más de cinco palabras en una sesión.

4- Los nombres de flores, frutas y animales pueden repartirse. Los aprenderán con facilidad al recordar, por ejemplo, que Catalina es también la rosa, la piña y la jirafa; Carlos el gladiolo, el mango y el león; Pablo el narciso, el durazno y el caballo. Susana: La azalea, la cereza y la tortuga.

Eso mismo se puede hacer con las piedras preciosas, los metales, los colores, los astros, los países y sus capitales etc.; también pueden poner semanalmente   sus títulos sobre su escritorio.

5- A los estudiantes les gusta enseñar. La maestra o maestro puede sentarse en el puesto de quien pase al t a b l e r o a aclarar una explicación; muchas veces ellos atienden más a un compañero, pues se alistan para reír si lo hace mal y para aprender si lo hace bien. Es aconsejable escoger siempre el estudiante que lo pueda hacer mejor..

6- Para memorizar los poemas, los meses, los días, las estaciones, es bueno hacer que cada estudiante aprenda una línea y la repitan todos alternativamente varias veces.

7 - Constantemente debo dictarles sílabas, palabras y frases hasta que las escriban sin equivocarse. Para asegurar los resultados, se realizan pruebas con frecuencia. No recomiendo avanzar a otra lección hasta que todos entiendan la anterior.

8- Estimular el desempeño a la hora de hacer sus tareas o sus dibujos, con alguna gratificación, hace que realicen sus trabajos con mucho interés. Además, sus cuadernos adquieren un valor sentimental en homenaje a la dedicación y el gusto por aprender su segunda lengua.

9-Los estudiantes h a r á n en sus cuadernos l a s a n o t a c i o n e s i m p o r t a n t e s i n c l u y e n d o la página del libro a que corresponde, con el fin de que, al repasar, puedan comprender aún mejor. La traducción del vocabulario es indispensable para que puedan comprender lo que leen, y escriben. Cuando se trata de preguntas, es importante que respondan con frases completas. Ej: ¿Es una bola de béisbol? -Sí, es una bola de béisbol.
    ¿ Es el jugador Valenzuela? -Sí, es el jugador Valenzuela. (page. 40).

10- Se recomienda tener en cuenta los ejercicios que se proponen en el 'pie de página' de cada lección. Asignaciones como pasar del singular al plural, conjugar verbos, elaboración de oraciones se deben cumplir estrictamente.

Se pretende que, al cabo de uno o dos años, dependiendo de la edad y de la intensidad horaria, el estudiante culmine el estudio del libro **MI SEGUNDA LENGUA**. Entonces tendrá la capacidad de expresarse, leer, escribir y cantar, disfrutando las ventajas que ofrece el saber otro idioma.

Las respuestas de la sección B, página 36, son: 1. La niña es bonita. 2. La paloma es blanca. 3. Mi mamá me ama. 4. La casa es amarilla

ÍNDICE

CAPÍTULO I
LAS VOCALES

El español es una de las lenguas más hermosas del mundo. Sus sonidos son claros y precisos. Este capítulo es muy importante y fácil. Las cinco vocales son las llaves para la pronunciación perfecta. Una vez aprendidas podré leer, escribir y hablar correctamente.

El libro MI SEGUNDA LENGUA presenta primero las vocales [a] [e] [o] conocidas con el nombre de vocales llenas, y entonces la [i] y la [u] conocidas como vocales débiles.

a

a

a

Ana
Pronunciación

ala
alma
palma
mapa
pala
casa
sala

Ana. A excepción de la **c** en palabras como lección, diccionario, accidente etc. Y de la **n** en palabras como connotación, el español no duplica las consonantes. La **ll** y la **rr** son consonantes dobles.

Repito la vocal **a**

ba	ab	ha
ca	ac	ja
da	ad	cha
fa	af	lla
la	al	ña
ma	am	ra
na	an	rra
pa	ap	ya
ta	at	za
va	av	

Leo la primera columna; luego una sílaba de la primera y la correspondiente de la segunda así: **ba ab**, **ca ac**. Entonces leo las columnas anteponiendo una **a** así: **aba, aca, ada, afa, ala.** Finalmente la tercera columna, a medida que avanzo.

Leo y entiendo la **a**

a   a   a

1. casa   la casa

2. sala   la sala

3. rana   la rana

4. vaca   la vaca

Escribo o dicto palabras con **a** de la página siguiente.

Vocabulario

Ana	dama
mamá	papá
Alabama	mapa
casa	sala
sal	pan
bata	lana
alma	palma
lata	tapa
manzana	<u>amar</u>

Si cada estudiante hace la traducción de una o dos palabras del vocabulario como éste, el reconocerlas en su propio idioma será un asunto rápido.

Vocabulario avanzado

1. chapa	11. vaca
2. chanza	12. cara
3. llama	13. vara
4. llaga	14. raya
5. hada	15. raza
6. hacha	16. jarra
7. araña	17. rama
8. arpa	18. naranja
9. carpa	19. manzana
10. zagal	20. playa

Aprendo que la
H ES MUDA.

Elefante

e

e

e

Pronunciación

efe

ele

eme

ene

elefante

elegante

Aprendo que el idioma español **no** tiene el conjunto **"ph" ni "th"**.

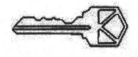 # Repito la vocal **e**

be	eb	he
de	ed	je
fe	ef	che
le	el	lle
me	em	ñe
ne	en	re
pe	ep	rre
te	et	ye
se	es	ze
ve	ev	

Nota: Hago énfasis en la importancia de las vocales para aprender a leer, escribir y pronunciar correctamente. Dicto sílabas y palabras que lleven la vocal **a** y la vocal **e**. Ej.: **la**, **el**, **avena**, **beca**, **tema**, **lema**, **tela**, **pesa**, **mesa**, **pena**, **nave**, **seda**, **metal**,, **paleta**, **maleta**, **panela**, **canela**, Etc.

Leo y entiendo la **e**

e   e   e

1. efe	F	f
2. ele	L	l
3. eme	M	m
4. ene	N	n
5. eñe	Ñ	ñ

La eñe es una letra nueva para el estudiante extranjero. Apoyo la lengua al paladar para la pronunciación perfecta Ejs.: niño, niña, piña, caña, araña mañana. Puedo arrugar un poco la nariz

Leo y repaso la **a** y la **e**

1. mesa    la mesa

2. maleta    la maleta

3. vela    la vela

4. nena    la nena

5. pepa   la pepa

Tarea: Con la ayuda del diccionario paso la traducción a mi cuaderno. También la traducción de las palabras de la página siguiente.

Vocabulario. Repaso **a e**

ave	nave
té	café
mesa	cena
meta	bate
maleta	cartera
tela	seda
<u>beber</u>	<u>amar</u>

Dicto a los estudiantes las siguientes líneas.
1 e, a, e, ae, ea, ea, e ae e ea.

2 té, le, lea, la, ala, pan, sal, sala, mala, vaca.

3 casa, dama, mesa, cena, nave, vela, pepa, maleta, tela.

4 La mesa y la cena. El té y el café. La maleta y la cartera.

Palabras terminadas en **-ar/ -er/ -ir/** son verbos. El infinitivo es el nombre del verbo y la palabra que se busca en el diccionario cuando de verbos se trata.

(Las palabras subrayadas son verbos).

Vocabulario avanzado

1. araña
2. arma
3. arpa
4. arca
5. altar
6. avena
7. barra
8. caña
9. carpa
10. calle
11. carreta
12. ceja
13. gata
14. gastar
15. ganar

16. jarra
17. jalea
18. leche
19. llave
20. llama
21. navaja
22. ñame
23. madera
24. rata
25. teja
26. torre
27. valle
28. vela
29. remar
30. zarpar

O **OSO**

Pronunciación

O

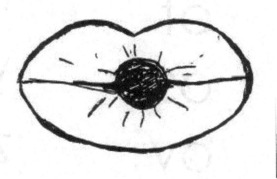

O

do
todo
moto
cono
coco
loco
mono
lobo

 # Repito la vocal o

bo	ob	ho
do	od	jo
fo	of	cho
lo	ol	llo
mo	om	ño
no	on	ro
po	op	rro
to	ot	yo
so	os	zo
vo	ov	

La tercera columna, se presenta, a medida que el estudiante avanza.

Leo y entiendo la o

o — o — o

mono   el mono

lobo   el lobo

cono   el cono

coco   el coco

oso   el oso

Regla general: sustantivos o nombres terminados en **a** son femeninos
Ej.: gata, niña, Susana, leona. Sustantivos o nombres terminados en
o, o con diferente terminación, son masculinos. Ej.: gato, niño, Pablo, León.

Leo y entiendo **a e o**

paloma

pelota

tomate

moneda

venado

Tarea: Escribo estas palabras en mi cuaderno con la traducción.
También las palabras de la página siguiente.
Antepongo los artículos definido a todas y cada una de las
palabras. Ej.: La paloma, la pelota, el tomate.

Vocabulario. Repaso **a e o**

do, re, fa, sol, la,	notas
boleto	moto
sopa	tomate
mono	soda
moneda	pelota
helado	coco
cono	<u>tomar</u>
<u>comprar</u>	<u>beber</u>

Frases:

Do, re, fa, sol, la, son notas musicales.

Compro el boleto para el circo.

Tomo sopa de tomate.

El mono toma soda.

Con la moneda compro la pelota.

Como helado de coco en un cono.

Vocabulario avanzado

1. yo
2. gallo
3. noche
4. perro
5. papaya
6. caballo
7. señora
8. hermano
9. carro
10. parrilla
11. sal
12. coche
13. reloj

14 yo-yo
15. gallera
16. Navidad
17. cachorro
18 guayaba
19. carrera
20. señor
21. hermana
22. carretera
23. asado
24. salero
25. cochero
26. hora

Usemos el diccionario, en la clase, para la traducción.

Juguemos con los números y las palabras de la siguiente manera:

Al leer **6**, el estudiante debe decir **caballo**.
Al leer **parrilla**, debe decir **10**.
Al leer **13**, el estudiante debe decir reloj.
Al leer **cochero**, el estudiante debe decir **25**.

I

i

i

i

Isla

si

mi

Isabel

imán

isla

Inés

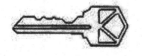

Repito la vocal i

bi	ib	hi
di	id	ji
fi	if	chi
li	il	lli
mi	im	ñi
ni	in	ri
pi	ip	rri
ti	it	yi
si	is	zi
vi	iv	hi

Dicto palabras y frases con las vocales **a e o i**
Ej.: Dama, cine, cena, cinco, niño, niña, mesa, pito, piña, cono, pepino, fino, lino, camino. Piña para la niña. Veo pinos en el camino, Etc.
Intercambio de papeles para hacer las correcciones.

Leo y entiendo la **i**

i   i   **i**

1. piloto  el piloto

2. pino  el pino

3. pepino  el pepino

4. lino  el lino

5. pito el pito

Paso estas palabras a mi cuaderno. También las de la pag.. siguiente.

Repaso **a e o i**

1. misa
2. iglesia
3. Inés
4. papá
5. verde
6. Miami
7. vestido
8. Silvia
9. Isabel
10. viajar
11 bonita
12. domingo
13. misal
14. misa
15. isla
16. mármol
17. circo
18. amigas
19. cantar
20. mirar
21. camino
22. elegante

Mi papá es elegante.
Inés y Silvia son lindas.
Isabel y mi mamá son amigas.
Canto con mis amigos en la iglesia.
Viajo con un vestido verde.
El domingo es la misa.
Hago una raya, en la pizarra, para
cada letra, de la frase. Y, cuando
ellos hayan terminado la escribo.
Hay mucha alegría cuando no cometen
errores.

Leo y entiendo
la a, la e, la o, la i

amarillo

camisa

campesino

mariposa

salero

anillo

Vocabulario avanzado

1. loro
2. jirafa
3. caballo
4. cinco
5. niña
6. niño
7. hamaca
8. jefe
9. Ana
10. tiza
11. <u>anotar</u>
12. perro

13. <u>hablar</u>
14. <u>mirar</u>
15. blanco
16. amigos
17. amiga
18. hijo
19. hilo
20. <u>mandar</u>
21. divina
22. pizarra
23. maestra
24. gato

Los estudiantes aprenden más al responder con frases completas ¿Qué mira la jirafa? La jirafa mira la lora. ¿Quién anota en la pizarra? La maestra anota en la pizarra. ¿Cómo es el caballo? El caballo es blanco.

U

U

U

Uvas

una

uno

Pronunciación

uva

uña

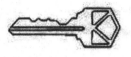 # Repito la vocal **u**

bu	ub	hu
du	ud	ju
fu	uf	chu
lu	ul	llu
mu	um	ñu
nu	un	ru
pu	up	rru
tu	ut	yu
su	us	zu
vu	uv	

Las pruebas y exámenes deben hacerse con fuga de vocales pag. 35

Leo y entiendo la u

U   U   U

1 luna  6 la luna

2 cuna  7 la cuna

3 lupa  8 la lupa

4 mula 9 la mula

5 suma 3+3=6 10 la suma

Tarea: En mi cuaderno copio estas palabras y las de la página siguiente con su correspondiente traducción.

1. lunes
2. <u>sumar</u>
3. unos
4. luna
5. <u>cultivar</u>
6. mula
7. luna
8. junio
9. <u>dibujar</u>
10. julio
11. lupa
12. nudos
13. lucero
14. uvas
15. bulto
16. cuna
17. Lima
18. <u>llevar</u>

1. El lunes es cuatro de julio.
2. Sumo con una lupa.
3. Son unos nudos.
4. La luna y el lucero.
5. Cultivo uvas,
6 La mula lleva un bulto.
7. Hay diferencia entre luna y cuna.
8. En junio viajo a lima.

Vocabulario avanzado

1. Hugo
2. <u>dibujar</u>
3. burro
4. José
5. café
6. Susana
7. <u>llevar</u>
8. suéter
9. <u>llevar</u>
10. Juan
11. Camilo
12. Ana
13. Pablo
14. Mariana
15. burro
16. museo
17. <u>vacunar</u>
18. caballo
19. Pablo
20. <u>visitar</u>
21. azul
22. <u>endulzar</u>
23. <u>comprar</u>
24. <u>vacunar</u>
25. <u>patinar</u>
26. azúcar
27. Filadelfia
28. preparar

Leemos, escribimos y repetimos las siguientes frases:
#1,2,15. Hugo dibuja un burro. # 4,22,5. José endulza el café. # 6,7,8,21. Susana lleva suéter azul. # 11, 25. Camilo patina. #10,24,18. Juan vacuna el caballo. # 13,20,16, 27 Pablo visita el museo de Filadelfia.

Escoja sus números y haga una frase.

Murciélago

u i e a o

1 a e o i u

2 e o i u a

3 i u a e o

4 a e i o u

Nota: **Murciélago** es una palabra que tiene todas las vocales, cada una con su propio sonido. Hay otras como abuelito, Aurelio, cuadernillo, cuestionar, cuidandero, euforia.

Dibujo un murciélago en la página.

a e o i u

ma me mo mi mu

am em om im um

la le lo li lu

al el ol il ul

na ne no ni nu

an en on in un

ba be bo bi bu

va ve vo vi vu

fa fe fo fi fu

ta te to ti tu

da de do di du

pa pe po pi pu

sa se so si su

La vaca

a   La vaca se v**a**.

e   La vaca se fu**e**.

o   La vaca lleg**ó**.

i   La vaca est**á** aqu**í**.

u   La vaca hizo m**u**.

Leo una vocal y los estudiantes leen la frase correspondiente.

Repito

Son veinte la unión de dos vocales

1	2	3	4
ae	ai	ao	au
ea	ei	eo	eu
oa	oe	oi	ou
ia	ie	io	iu
ua	ue	uo	ui

Mar**ia**na es una amiga b**ue**na.

Mi ab**ue**la t**ie**ne un d**ia**mante prec**io**so.

Dan**ie**l du**er**me d**ie**z horas el d**ía viernes**.

Jun**io** y jul**io** son meses cal**ie**ntes.

Bogotá es la capital de Colomb**ia**.

Veo la n**ie**ve que c**ae** en el inv**ie**rno.

Nota para recordar: Los meses del año no llevan mayúscula;
tampoco los días de la semana ni las estaciones del año.
Ejs.: Domingos y sábados son días de descanso.
Enero, febrero y marzo son meses muy fríos en Norte América.
La primavera es mi estación preferida.

La cucaracha

Con la **a**

La cacaracha, la cacaracha
ya na pada camanar;
parca na tana, parca la falta
ana pata para andar.

Dibujo una cucaracha.

Con la **e**

Le quequereche, le quequereche
ye ne pede quemener;
perque ne tene, perque le felte
ene pete pere ender.

Con la **o**
Lo cocorocho, lo cocorocho
yo no podo comonor,
porco no tono, porco lo folto
ono poto por ondor.

Con la **i**
Li quiquirichi, li quiquirichi
yi ni pidi quiminir
pirqui ni tini, pirqui li filti
ini piti pir indir.

Con la **U**
Lu cucuruchu, lu cucuruchu
yu nu pudu cumunur
purcu nu tunu, purcu lu fultu
unu putu pur undur .

La cucaracha, la cucaracha
ya no puede caminar.
Porque no tiene, porque le falta,
una pata para andar.

Una cosa me da risa ja, ja, ja,
los chiquitos en camisa.
Al cantar la cucaracha
risa, risa, risa, risa.

Fuga de vocales

A- Escriba las siguientes vocales.

___ ___ ___ ___ ___ ___

___ B- Fuga de vocales.

1. L_ n_ñ_ _s b_n_t_.
2. L_ p_l_m_ _s bl_nc_.
3. M_ m_m_ m_ _m_.
4. L_ c_s_ _s _m_r_ll_.

C- Escriba las siguientes combinaciones Ej. ae

___ ___ ___ ___ ___ ___ ___

D- Escriba las siguiente palabras.

1. ___ ___ ___ ___ ___
2. ___ ___ ___ ___ ___
3. ___ ___ ___ ___ ___

El maestro puede hacer pruebas, como ésta cuando están aprendiendo las vocales, para grabar la pronunciación correcta en la memoria. Lo mismo se puede hacer con las consonantes a medida que progresan.

CAPÍTULO II
LAS CONSONANTES
Aplausos

El capítulo de las VOCALES ha terminado.
Continuamos con el de las CONSONANTES
Hay 24 consonantes en el abecedario o alfabeto español.

Primero presento las consonantes interesantes, la **elle** y la **erre**.
Y la consonante nueva **eñe** para los estudiantes extranjeros.

La **ll** y la **rr** (caracteres dobles).

La **ñ** (Es un signo nuevo para el estudiante extranjero.)

Recomiendo enseñarlas separadamente

Página de lectura

1	2	3
elle	erre	eñe
llave	torre	niño
llavero	arruga	niña
gallo	perro	piña
gallina	carro	señor
pollito	carreta	señora
calle	correo	señorita
lluvia	carrera	araña
silla	barril	muñeca

1- **Elle**: Pongo la lengua plana en el paladar y digo elle, elle, elle

2- **Erre**: Hago vibrar la lengua en el paladar y digo erre, erre.

3- **Eñe**: Apoyo la lengua en el paladar y digo: eñe, eñe.

Letras dobles

elle

Vamos a conjugar el verbo llorar:
Yo lloro, tú lloras, él llora, ella llora, usted llora.
Nosotros lloramos, nosotras lloramos.
Vosotros lloráis, vosotras lloráis.
Ellos lloran, ellas lloran, ustedes lloran.

erre

Erre con erre catarro, erre con erre barril.
Rápido corren los burros, cargados de
tarros, al ferrocarril.

eñe   Letra nueva

Doña Rebeca es una señora de moño.
Don Rodolfo es un señor que sueña.
Cuando yo sueño, sueño, sueños lindos pero los
sueños, como sueños, sueños son.

*Nota: El verbo llorar pertenece a la primera conjugación
Pág.136

Leo y entiendo

Béisbol

El beisbolista Valenzuela

El beisbolista Palmeiro

Jugadores de béisbol

pelota

Qué y quién son palabras interrogativas. Ver pag. 138

Qué es para las cosas. Quién, para las personas:

¿Qué es? Es una pelota de béisbol.

¿Quién es? Es el beisbolista Valenzuela

Página de lectura

Bernardo	barbero
Beatriz	bandera
Bárbara	bufanda
bota	bicicleta
bebida	boleto
buzón	betún
bolso	bola
bateador	bate
bombillo	bigote
barba	basura
bocadillo	bisonte

*Los estudiantes pueden hacer dibujos que indiquen el significado de cada palabra.

Preguntas: (Quién para las personas) (Qué para el resto de las palabras)

¿Quién es? Es Bernardo. ¿Quién es? Es el barbero.

¿Quién es? Es Beatriz. ¿Qué es?. Es la bandera.

¿Quién es? Es el bateador. ¿Qué es? Es el bate

Leo y entiendo
ca   co   cu

canasta

cama

cola

caracol

cupido

colmena

*Nota: Antes de **a, o, u** la **c** tiene el sonido de la **k.**

Página de lectura

carta	Catalina
casa	Carlos
corbata	Camilo
cuna	Carmen
cartera	Carola
cartilla	Carolina

La carta de Catalina.

La casa de Carlos.

La corbata de Camilo.

La cuna de Carmen.

La cartera de Carola.

La cartilla de Carolina.

* Nota: "De" significa pertenencia en este contexto.

Cartilla: libro para aprender a leer,

CACO (cuento)

Mi [casa] es una casa como todas las casas; no es casa de locos.
Eso sí, tenemos un [mono] ¡ Ese sí es loco!
Salta de mi [cama] a la [cama] de Catalina sin mirar y casi, casi se cae pero al fín, no se cae. Se llama Caco y sabe ser cómico; cuando llegan Carmen y Carlos se pone tan contento que se vuelve loco.
Caco bebe [coca cola] y come [coco]

Todos mueren de la risa de las cosas de Caco; como cosa curiosa les cuento que Caco nunca se ríe.
A Caco le gusta leer; cuando toma un [libro] se pone muy serio como si se concentrara en la lectura. Carlos le dio un libro de frutas entre ellas, color carmelita

CACO (cuento)

CACO
continuación

con carmelitas también.
Caco las mira y las mira con la
llena de agua. Al día
siguiente Carmen le trae
bananas carmelitas. Caco come
tantas que se enferma.
Mi mamá lo lleva a donde el
y todos tomamos turnos para
darle el remedio, con un tenedor,
así: Dos más dos son 4
          Cuatro y dos son 6.
Seis más dos son ocho y ocho
dieciseis y 8, 24 y 8, 32!
Cuando Caco termina, comienza
a reir ja, ja, ja.

Leo y entiendo
ce ci

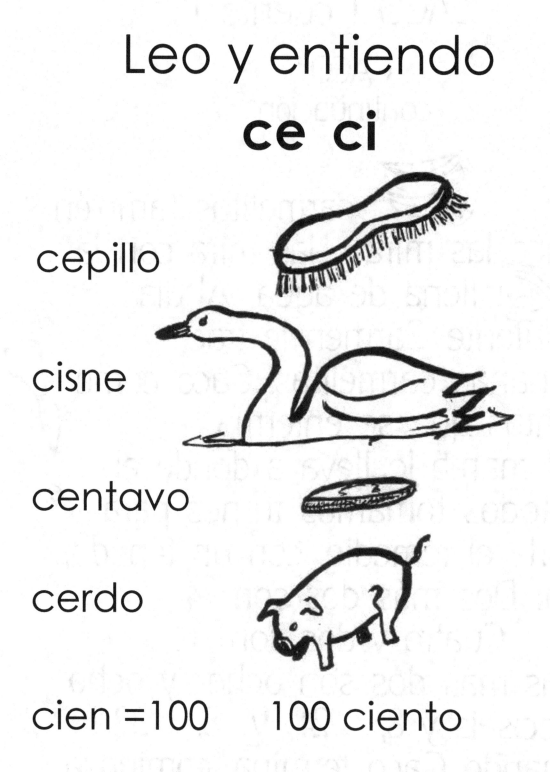

cepillo

cisne

centavo

cerdo

cien =100   100 ciento

*Nota: La **c** tiene sonido interdental (suave) antes de **/e/, / i/**. Ejs.:
cena, cera, cine, cielo, cinco, cincuenta,
Cien es el nombre del número. Si continuamos contando decimos:
101 ciento uno. **102** ciento dos. **103** ciento tres. **104** ciento cuatro. **110**
ciento diez. 150 ciento cincuenta. **199** ciento noventa y nueve.

Página de lectura

ce   ci

cepillo	acero
cien	cisnes
cielo	lucero
cinta	celeste
cinturón	cintura

El cepillo es de acero.

Hay cien cisnes.

En el cielo hay un lucero.

La cinta es celeste.

El cinturón para la cintura.

Página de lectura
ca co cu ce ci

1. El cinturón negro de Cecilia.
2. El cisne blanco de Carlos.
3. La cinta azul de Carmen.
4. La canasta amarilla de Carola.
5. La moneda de cinco centavos.
6. El billete de cien pesos.
7. El coco es color blanco.
8. El dulce de coco es delicioso.
9. La abeja está en la colmena.
10. El cocinero prepara cerdo.
11. La cocina está en la casa.
12. El coco está en el dulce.
13. Dulce de coco para los locos.

*Esta página es de lectura. Pronuncio **ca, co, cu** distinto de cuando digo **ce ci**. El profesor lee el número; los estudiantes leen la frase. El profesor lee la frase en inglés y los estudiantes en español.

Página de lectura
ch

chivo	leche
chico	chistoso
chaqueta	cachemir
chicle	chocolate
coche	chiva
lechuza	chorizo

El chivo bebe leche.

El chico es chistoso.

La chaqueta de cachemir.

El chicle y el chocolate.

El coche y la chiva.

La lechuza y el chorizo.

Leo y entiendo

d   de

dedo

dama

dado

disco

nido

dos   2   doce   12

*Adelanta la lengua hacia los dientes para producir el sonido / **d** /
.

Página de lectura

Doctor	Durán
dentista	diente
dedo	diamante
docena	discos
dama	<u>dudar</u>
deuda	dolor
día	divino

El Doctor Durán es mi dentista.
El dedo y el diamante.
Una docena de discos.
La dama duda de la deuda.
El diente, el dolor y la deuda.
Es un día divino.

*Tarea: Estas frases pueden servir de títulos para escribir parágrafos

Leo y entiendo

F efe

foca

fútbol

fiesta

faro

falda

ficha

--*fútbol = balompié*

Página de lectura

fiesta

falda

familia

faro

Fabio

favor

famosa

fina

feliz

Filadelfia

fútbol

fósforo

La fiesta es famosa.

La falda de Sofía es fina.

La familia Fernández es feliz.

El faro de Filadelfia.

Fabio juega fútbol.

Favor no jugar con fósforos.

Leo y entiendo
ga   go   gu

gato

gorila

gusano

gallo

gallina   ⟶

Página de lectura

ga   go   gu

gallina	gallo
ganso	galleta
gotera	gota
gusano	gato
garganta	gárgara

La gallina y el gallo.

El ganso y la galleta.

La gotera y la gota.

El gusano y el gato.

La garganta y la gárgara.

*Estos son los sonidos de la **g** delante de a, o, u,: **ga go gu.**

En la Gallera.

Mi papá tiene un ~~gallo~~ de pelea.
Un día lo saca del gallinero y lo lleva
a la pelea.
En la gallera está el otro
de bello plumaje, con un ~~de oro anillo~~
en su pata.
El gallo de mi papá va con mucho
frío y va tapado con una ~~toalla~~
sólo lleva una cinta en el cuello, va
más bien con ganas de llorar.

El gallo del anillo de oro estira el
cuello y canta; está muy orgulloso.
El gallo de la toalla amarilla, el de
mi papá, de pronto entra en calor;
se anima, se llena de entusiasmo,
pelea con gusto y sorpresivamente
  ¡ Gana la pelea !

En la Gallera.

Regresan a la [casa] Mi papá feliz, pero el [gallo] no; tiene tos; mi padre le dice: "Ten calma llegamos".

Mi papá pone el gallo sobre la [mesa] lo destapa, lo mira con cuidado; le pone el [ ], le da unas [gotas] El pobre gallo, está enfermo, tiene fiebre. La noche es larga para el pobre gallo pero al día siguiente se siente muy bien. Nota algo en el [ ] cuello, lo estira, para [cantar], canta fuerte. En el cuello algo le brilla: es una [medalla] de oro.

Es el premio al ganador.

Este cuento es para practicar la elle.

Leo y entiendo

ge  gi

general

girasol

gitano

gema

gelatina

Página de lectura
ge   gi

El General Washington.

El General Simón Bolívar.

Es una gelatina deliciosa.

Es una página de lectura.

Es una página de gimnasia.

Es una gitana generosa.

Gerardo es un gitano.

*Nota: Simón Bolívar es el padre de 5 repúblicas. Ver pag.158.

Leo y entiendo

h

hace

helado

hilo

hormiga

helicóptero

hipopótamo

Cuando veo la hache **H / h** / no la menciono. **Es muda**

Página de lectura
h hache

hebra

helado

hombre

helicóptero

hotel

hipopótamo

hijo

hilo

higo

hamaca

Homero

hermoso

hinchado

hermano

Es una hebra de hilo.

Es un helado de higo.

Hay un hombre en la hamaca.

Es el helicóptero de Homero.

Es un hotel hermoso.

Es un hipopótamo hinchado.

Es el hijo de mi hermano.

*La [h] es siempre muda.

Leo y entiendo

j   jota

jamón

ja, ja, ja

jabón

junio

julio

jarra

Leo y comprendo

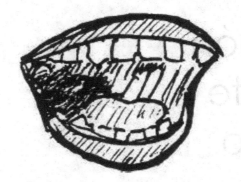

Ríete y encontrarás la pronunciación
correcta de la **jota**

ja, ja, ja.

je, je, je.

jo, jo, jo.

ji, ji, ji.

ju, ju, ju.

ja, je, jo, ji, ju.

Página de lectura

jamón	jalea
jinete	joven
junio	julio
jefe	juego
Jesús	justo
José	juez
ajo	ají

El jamón y la jalea.

El jinete es joven.

Junio y julio son dos meses.

Es el jefe del juego.

Jesús es justo.

José es el juez.

El ajo y el ají son condimentos.

K ka kilo

kimono

kilómetro

kilogramo

kilometraje

kilovatio

kínder

Esta letra es de muy poco uso.

Leo y entiendo ele

león

luna

lago

lima

libro

Página de lectura

lago	luna
león	lobo
libro	lápiz
sol	sal
luna	lucero

El lago y la luna son azules.
El león y el lobo son animales.
El libro y el lápiz son objetos
El sol y la sal son diferentes.

La luna y el lucero son lindos.

* Veo la página del verbo SER / ESTAR en la página 135.

Leo y entiendo

Ll

elle

Pollito

llave

castillo

llama

camello

Página de lectura

llave   capilla

llama   llanuras

castillo   amarillo

millón   estampillas

semilla   patilla

sello   milla

silla   amarilla

La llave de la capilla.
La llama de las llanuras del Perú.
El castillo de color amarillo.
El millón de estampillas.
La semilla de la patilla.
El sello señala la milla.
La silla es amarilla.
¿Cara o sello?

*Tarea: Traducir el vocabulario nuevo.

Leo y entiendo

m  eme

mamá

mango

mundo

mula

mano

Página de lectura

mamá	colombiana
manos	moradas
monedas	americanas
María	modelo
mesa	mapas
margarita	magnolia

Mi mamá es americana.

Mis manos están moradas.

Las monedas son americanas.

María es una madre modelo.

En la mesa están los mapas.

La margarita y la magnolia son flores.

Leo y entiendo

n   ene

naranja

noventa   90

nariz

nieve

notas

nueve 9

noventa y nueve 99

Página de lectura

noventa

norte

novio

novia

números

nieve

nueve

noticias

naranjas

Norteamérica

Nubia

Nicolás

fin

invierno

notas

nevada

Noventa naranjas.
El norte de Norteamérica.
El novio de Nubia.
La novia de Nicolás.
Son los números sin fin.
La nieve del invierno.
Nueve son las notas nuevas.
Las noticias de la nevada.

CAPÍTULO III
LAS CONSONANTES

ÑPQRSTVWXYZ

**CONTINUAMOS, CON EL MISMO ENTUSIASMO,
EL RESTO DE NUESTRAS CONSONANTES**

Leo y entiendo la **ñ**

ñ   eñe

piña

leña

muñeca

araña

niña

Ahora digo apoyando la lengua en el paladar.

ña, ñe, ño, ñi, ñu pi**ñ**a le**ñ**a, ara**ñ**a, ni**ñ**a,

Página de lectura

piña	niña
moño	muñeca
pañuelo	señor
cariño	niños
pañolón	señora
mañana	año

La piña para la niña.

El moño para la muñeca.

El pañuelo para el señor.

El cariño para los niños.

El pañolón para la señora de Núñez.

Mañana es Año Nuevo.

¡ FELIZ AÑO NUEVO!

Leo y entiendo la **p**

p   pe

papá

palma ➞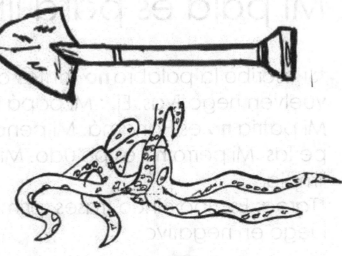

pato

pala

pulpo

Página de lectura

papá	pescador
patria	Panamá
pendiente	perlas
perro	peludo
pala	<u>limpiar</u>

Mi papá es pescador.

Mi patria es Panamá.

Mi pendiente es de perlas.

Mi perro es peludo.

Mi pala es para limpiar.

*Si escribo la palabra **no** antes del verbo las frases se vuelven negativas. Ej. : Mi papá **no** es pescador. Mi patria **no** es Panamá. Mi pendiente **no** es de perlas. Mi perro **no** es peludo. Mi pala **no** es para limpiar.

*Tarea: Escribo cinco frases, primero en afirmativo y luego en negativo.

Leo y entiendo la **q**

q   qu

queso

quince **15**   quinientos **500**

quinta

Página de lectura

querido	Quijote
Don Quijote	queso
1/5 un quinto	quebrado
quincena	quince
quinientos 500	querubines

Querido Don Quijote:

Don Quijote come queso.

Un quinto es un quebrado.

En la próxima quincena cumplo quince años.

Hay quinientos querubines.

Veo la página siguiente.

Leo y entiendo

gue   gui

Guitarra

Águila

Juguete

Laguito

Dibujo un laguito aquí.

Página de lectura
gue   gui

Guillermo	guerra
guirnalda	Guillermina
guía	guerreros
juguete	juguetón
guitarras	juguetería

Guillermo va a la guerra.

La guirnalda es de Guillermina.

Guillermo es el guía de los guerreros.

Un juguete para un niño juguetón.

Hay guitarras en la juguetería.

Hay una guitarra en la juguetería.

*Se usa **Hay** para el singular y el plural. Ej. : **Hay** un libro sobre la mesa. **Hay** muchos libros sobre la mesa.

Leo y entiendo la r

r   ere

loro

corneta

corona

corbata ⟶

tetero

Página de lectura

Teresita	lira
María	sombrero
torero	toro
Carlitos	tetero
tablero	madera
cara	coro
cartera	dinero
<u>tocar</u>	<u>mirar</u>
<u>torear</u>	<u>tomar</u>

Teresita toca la lira.

María mira el sombrero.

El torero torea el toro.

Carlitos toma tetero.

El tablero es de madera dura.

Hay muchas caras en el coro.

En la cartera hay dinero.

*La **ere** siempre tiene sonido relajado; es vibrante cuando es la primera letra de una palabra. Ejs.: **R**osa, **r**ío, **r**emo, **r**ama, **r**ata, **r**oca.
*Carlitos es el diminutivo de Carlos.

Leo y entiendo la **rr**

rr   **erre**

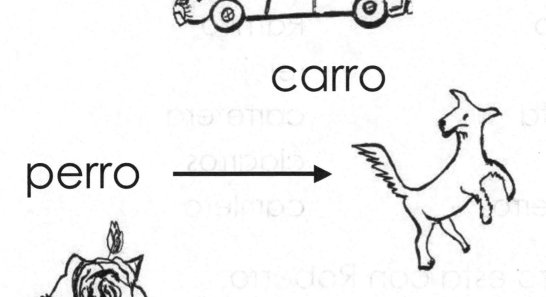

carro

perro

Es la rosa de una <u>carroza</u>.

rueda

torre

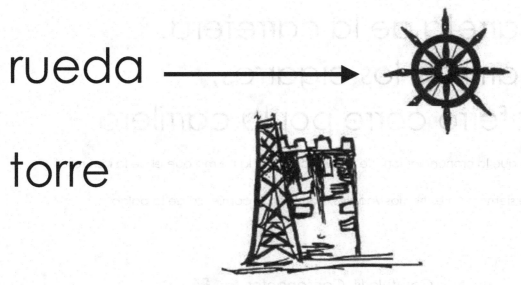

Página de lectura

perro	Roberto
carroza	rosas
perrito	Ramiro
torre	reloj
carreta	carretera
barril	cigarros
autoferro	carrilera

El perro está con Roberto.

En la carroza hay rosas.

El perrito está con Ramiro.

Es la torre del reloj.

Es la carreta de la carretera.

Es el barril de los cigarros,

El autoferro corre por la carrilera.

*Nota: 0bservo que la pronunciación, de la **rr** en carro, es la misma que el de la **r** en rosa,

El sonido fuerte siempre va entre dos vocales; también al comienzo de la palabra.

Leo y entiendo la **s**

s   ese

sombrero

sapo

sopa

sol   ⟶

sombrilla

Página de lectura

saco	Samuel
sombrero	Simón
suéter	Susana
sombrilla	Sara
sandalias	Sofía
sobretodo	Silverio

Este saco para Samuel.

Ese sombrero para Simón.

Este suéter para Susana.

Esta sombrilla para Sara.

Estas sandalias para Sofía.

Ese sobretodo para Silverio.

*Estudio **el adjetivo demostrativo** en la pag. 139.

Leo y entiendo la t

t  té

Té

teléfono

tinta

tomates

tumba

Página de lectura

Teresa	tomate
Tomás	<u>torear</u>
tía	trompeta
tíos	tambor
teléfono	terraza

Teresa toma sopa de tomate.

Tomás torea el toro.

Mi tía toca muy bien la trompeta.

Mis tíos tocan tambor.

El teléfono timbra en la terraza.

*Respondo con frases completas a todas las preguntas:
 ¿Quién toma sopa de tomate? ¿Quién torea el toro? ¿Cómo toca mi tía la trompeta? ¿Quiénes tocan tambor? ¿Dónde timbra el teléfono? Los verbos terminados en **_ar** pag.136. Palabras interrogativas pag.138.
Repaso la unión de dos consonantes juntas en pags. 102 y 103.

Leo y entiendo la **v**

v  ve

ventana

verde

Para ponerle el color .

vinagre

violetas

uvas

violín

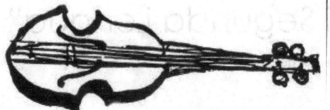

Página de lectura

vecino   verdes

vecina   violín

vecino   violinista

violetas   divinas

vaca   velero

ventana   violeta

<u>ver</u>

Mi vecino compra uvas verdes.

Mi vecina toca el violín.

Mi vecino no es violinista.

Mis violetas están divinas.

Mi vaca ve el velero.

Mi ventana es color violeta.

Viva "Mi Segunda Lengua"

*Estudio los Adjetivos posesivos de la página 141

Leo y entiendo la
w   doble ve

Esta letra está incluida en el abecedario español, se usa en palabras que casi siempre son extranjerismos.

Ejemplos:

Weekend

Waterpolo

Watusi

Wagon

Watusi: Individuo de un pueblo pastoril de África.

Leo y entiendo la **x**

x   equis

xilófono

examen

sexto   6º

taxi

Página de lectura

examen

taxi

<u>exportar</u>

extraña

experimento

extraño

<u>examinar</u>

extra

exacta

extranjero

máxima

exagerado

extraordinario

exóticas

Tenemos un examen extra.

El taxi marca la cuenta exacta.

Exportamos material extranjero.

Es extraña la máxima velocidad.

Es un experimento exagerado.

Hay cosas extrañas y extraordinarias.

Examino flores exóticas del exterior.

Leo y entiendo la **y**

y   ye

yoyo

yate

yuca

yelmo

Página de lectura

Yo	yo-yo
ya	yodo
mayo	Yoga
yegua	yema
ayuno	ayer
yate	Yucatán
yerno	yuca
Yolanda	ayudar

Yo tengo un yo-yo.

Ya tenemos yodo para la yegua.

En mayo tengo clases de yoga.

La yegua come yema de huevo.

El ayuno de ayer ya pasó.

El yate viaja a Yucatán.

Mi yerno y yo desayunamos con yuca.

Yolanda ayuda mucho.

El sonido de la [**ye**] se produce con la lengua en el paladar, es muy especial: Ahora digo yo, yo, yo, yoyo, yuca, yema, ayer, Yucatán.

Leo y entiendo la z

z  zeta

zorro

zanahoria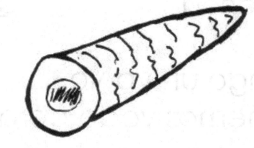

zapatilla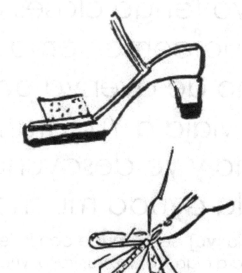

zancudo

Página de lectura

zanahoria

zapatero

zafiros

zagal

zancudos

zarzas

<u>endulzar</u>

<u>zapatear</u>

zumo

zapatos

azules

zorro

<u>zumbar</u>

zaguán

azúcar

zapatillas

Zumo de zanahoria.

Zapatero a sus zapatos.

Los zafiros son azules.

El zagal y el zorro.

Los zancudos zumban.

Hay zarzas en el zaguán.

Endulzo con azúcar.

Zapateo con mis zapatillas azules.

El abecedario

a	a	aldea
b	be	beca
c	ce	ce ci ca co cu
d	de	dedo
e	e	ejemplo
f	efe	feo
g	ge	ge gi ga go gu
h	hache	hilo
i	i	invierno
j	jota	junio
k	ka	kilo
l	ele	letra
ll	elle	llave
m	eme	mesa

n	ene	nena
ñ	eñe	niña
o	o	ogro
p	pe	pelo
q	cu	queso
r	ere	arena
rr	erre	torre
s	ese	selva
t	te	tecla
u	u	unir
v	ve	verde
w	dobleve	waterpolo
x	equis	taxi
y	ye	yeso
z	zeta	zagal

Dos Consonantes Juntas

bla	blanco	bra	brazo
ble	mueble	bre	sombrero
blo	pueblo	bro	broche
bli	público	bri	brisa
blu	blusa	bru	bruma
cla	clavo	cra	cráneo
cle	chicle	cre	crema
clo	cloro	cro	cromo
cli	clima	cri	criterio
clu	recluta	cru	crudo
dra	drama	fra	frase
dre	padre	fre	fresa
dro	cuadro	fro	frotar
dri	ladrillo	fri	frito
dru	madrugar	fru	fruta

gla	gladiolo	fla	flaco
gle	iglesia	fle	fleco
glo	siglo	flo	flor
gli	glicerina	fli	afligido
glu	glucosa	flu	fluvial
pla	plato	pra	prado
ple	pleno	pre	precio
plo	templo	pro	propina
pli	pliego	pri	primero
plu	pluma	pru	prueba
gra	grande	tra	trapo
gre	tigre	tre	tres
gro	ogro	tro	trofeo
gri	grillo	tri	trigo
gru	gruta	tru	truco
tla	Atlántico	tle	atleta

CAPÍTULO IV

LOS NUMEROS

PASAMOS
AL MARAVILLOSO MUNDO
DE

LOS NÚMEROS,
LOS NEGOCIOS Y
LA ECONOMÌA.

Números de 1 a 5

uno

dos

tres

cuatro

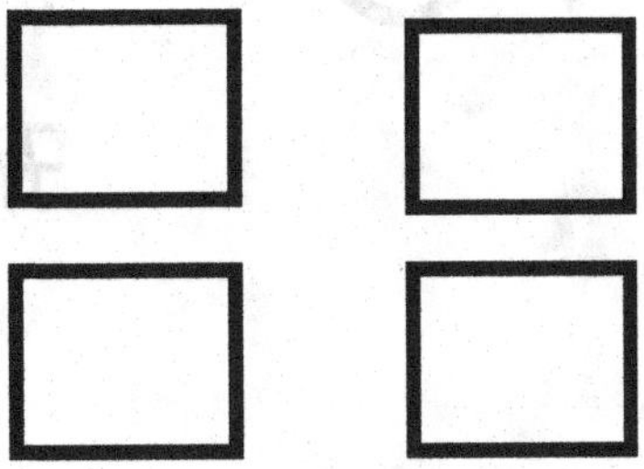

cinco

1 **círculo**, 2 **circunferencias**, 3 **triángulos**, 4 **cuadrados**, 5 **pentágonos**.
El ábaco – Pág. 115 es <u>indispensable</u> para la enseñanza de los números.

seis +++ +++ 6

siete *** **** 7

ocho X X X X
X X X X 8

nueve # # #
# # #
9

diez $ $ $ $ $
$ $ $ $ $ 10

Aprendo los números uno por uno. Así: **1 2 3 4 5 6 7 8 9 10 11 12**
Los números 4,6,7,9,10,20, 30,40, 50 y 100 los puedo repetir también, sin el
timbre de la voz. Es decir como cuando le digo un secreto a alguien pero
el que está cerca también lo oye. Esto es con el propósito de que escuchen
bien el sonido de las dos vocales juntas.

Amigos

Uno, dos y tres amigos,
c**ua**tro, cinco, s**ei**s amigos,
s**ie**te, ocho, n**ue**ve amigos.
d**ie**z amigos son.

Perritos
Uno, dos y tres perritos,
c**ua**tro, cinco, s**ei**s perritos,
s**ie**te, ocho, n**ue**ve perritos,
d**ie**z perritos son.

Gatitos
Uno, dos y tres gatitos,
c**ua**tro, cinco, s**ei**s gatitos,
s**ie**te, ocho, n**ue**ve gatitos,
d**ie**z gatitos son.

*En los espacios dibujo: Un amigo, un perrito y un gatito.

Números de 11 a 15

once   **11** amigos

doce   **12** perritos

trece   **13** gatitos

catorce **14** leones

quince **15** burros

*Tarea: Memorizo estos números.

Números de 16 a 20

die**cis**é**is**   **16**  naranjas

die**cisie**te   **17**  manzanas

die**ciocho**   **18**  piñas

die**cin**ue**ve**   **19**  peras

v**ei**nte   **20**  fresas

Números de 10 a 50

d**ie**z **10** pilotos

v**ei**nte **20** espejos

tr**ei**nta **30** libros

c**ua**renta **40** casas

cinc**ue**nta **50** faldas

*Pongo, también en mi memoria, estos números.

Números de 60 a 100

sesenta **60** mesas

setenta **70** pitos

ochenta **80** velas

noventa **90** conos

cien **100** semillas

*Recuerdo que **cien** es el nombre del número. Para continuar contando digo: ciento uno, ciento dos, ciento tres, ciento cuatro, ciento cinco, ciento seis, ciento siete, ciento ocho. Etc.

Todos queremos más

Todos queremos más;
todos queremos más, todos queremos
más, más y más y
mucho más.

El que **tie**ne un dólar, qu**ie**re tener dos.
El que **tie**ne cinco, qu**ie**re tener d**ie**z.
El de los c**ua**renta, qu**ie**re los cinc**ue**nta
y el de los cinc**ue**nta qu**ie**re tener c**ie**n.

Todos queremos más (coro)

*Cada vocal tiene su propio sonido y se debe decir con claridad.

A los estudiantes les gusta mucho cantar y contar.

Leo y entiendo de 100 a 500

100   c**ie**n
libros

200   dosc**ie**ntos
lápices

300   tresc**ie**ntos
borradores

400   cuatroc**ie**ntos
cuadernos

500   quin**ie**ntos
papeles

*De estos números debo memorizar **cien** y **quinientos**

Leo y entiendo de 600 a 1000

600   seisc**ie**ntos aviones

700   setec**ie**ntos pilotos

800   ochoc**ie**ntos barcos

900   novec**ie**ntos capitanes

1000   mil banderas

.mil   1.000 toneladas de café.

,coma

El **punto .** significa **mil.**
Ej.: $250.000,00 doscientos cincuenta mil pesos.

NUMEROS

El ábaco

A
B
C
D

A 1 uno	B 10 diez	C 100 cien	D 1.000 mil
2 dos	20 veinte	200 doscientos	2.000 dos mil
3 tres	30 treinta	300 trecientos	3.000 tres mil
4 cuatro	40 cuarenta	400 cuatrocientos	4.000 cuatro mil
5 cinco	50 cincuenta	500 quinientos	5.000 cinco mil
6 seis	60 sesenta	600 seiscientos	6.000 seis mil
7 siete	70 setenta	700 setecientos	7.000 siete mil
8 ocho	80 ochenta	800 ochocientos	8.000 ocho mil
9 nueve	90 noventa	900 novecientos	9.000 nueve mil
10 diez	100 cien	1.000 mil	10.000 diez mil

11 once	16 diez y seis o dieciséis	+ más
12 doce	17 diez y siete o diecisiete	− menos
13 trece	18 diez y ocho o dieciocho	✕ por
14 catorce	19 diez y nueve o diecinueve	÷ dividido
15 quince	20 veinte	

A Unidades   **B** Decenas   **C** centenas   **D** Unidades de mil

Vamos a sumar

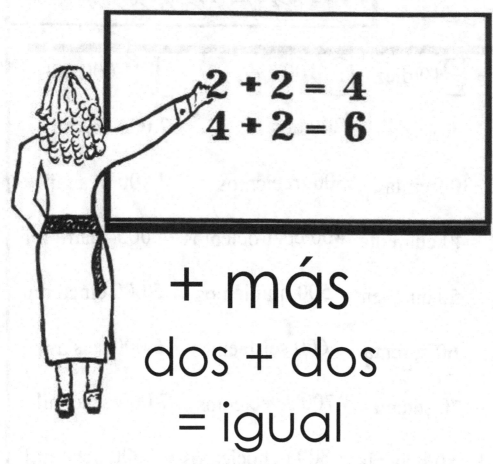

$$2 + 2 = 4$$
$$4 + 2 = 6$$

+ más

dos + dos

= igual

dos más dos, igual cuatro

cuatro + dos = seis

seis + dos = ocho

* Tarea: Dicto números para escribir con letras.

Vamos a restar

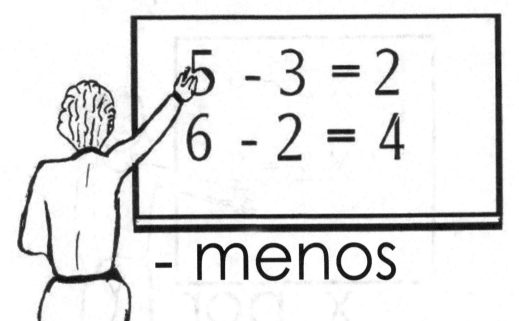

$$5 - 3 = 2$$
$$6 - 2 = 4$$

- menos

cinco – dos = tres

tres – uno = dos

50 - 20 = treinta

150 - 40 = ciento diez

*Dicto números con palabras para escribir en números y viceversa.

Vamos a multiplicar

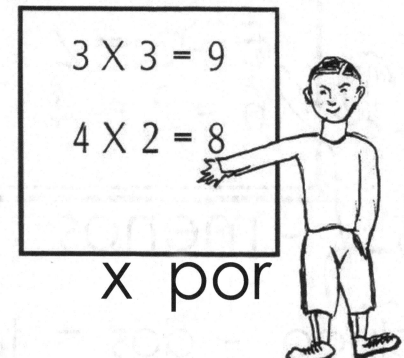

3 X 3 = 9

4 X 2 = 8

x por

dos x dos = cuatro

dos x tres = seis

cuatro x dos = ocho

cinco x tres = quince

cinco x cuatro = veinte

Vamos a dividir

$$20 \div 5 = 4$$
$$6 \div 2 = 3$$

$\div$ **dividido**

$$8 \div 2 = 4$$

Ocho dividido entre dos = cuatro

$$4 \div 2 = 2$$

Cuatro dividido entre dos = dos

diez $\div$ dos = cinco

También se dice: Mitad de diez = cinco
Cuarta parte de veinte = cinco
Cinco en veinte = cuatro

Hablemos de dinero

1  En el Banco Internacional hay millones de dólares.

2 En el Banco de la República hay millones de pesos.

alcancías

3 Hay cien dólares con veinticinco.

U.S $100.25

4 Hay cien mil pesos, moneda corriente.

$100.000,00

5 La billetera

¿cuánto?

¿Cuánto hay en tu billetera?
¿Cuánto hay en mi billetera?

La moneda

La moneda argentina es: El peso argentino.

La moneda boliviana es: El peso boliviano.

La moneda colombiana es: El peso colombiano.

La moneda costarricense es: El colón.

La moneda cubana es: El peso cubano.

La moneda chilena es: El escudo.

La moneda dominicana es: El peso dominicano.

La moneda ecuatoriana es: El sucre.

La moneda española es: La peseta.

La moneda guatemalteca es: El quetzal.

La moneda hondureña es: El lempira.

La moneda mexicana es: El peso mexicano.

La moneda nicaragüense es: El córdoba.

La moneda panameña es: Es el balboa.

La moneda paraguaya es: El guaraní.

La moneda peruana es: El nuevo sol.

La moneda portorriqueña es: El dólar

La moneda salvadoreña es: El colón.

La moneda uruguaya es: El peso uruguayo.

El reloj

El horario

Las manecillas | El minutero

El horario marca las horas. El minutero marca los minutos.

Mamita, mamita,
enciende la vela,
quiero saber quien
anda por la cabecera.

Son las horas, hijo mío,
que van de carrera
llamando a los niños,
para ir a la escuela.

El día está dividido en 24 horas. Para preguntar la hora digo: -Por favor, ¿Qué hora es?

Las horas del día son para trabajar y estudiar.
Las horas de la noche para descansar.

A la hora exacta se dice: **En punto**. Son las diez en punto.
A los 15 minutos se dice: **Y cuarto**. Son las diez y cuarto.
A los 30 minutos se dice: **Y media**. Son las diez y media.
A los 45 minutos se puede decir: Son las diez **y cuarenta y cinco** o **falta un cuarto** para las once

El reloj de Jerusalén.

El reloj de Jerusalén
Da las horas siempre bien.

Da la una.	1
Da las dos.	2
Da las tres.	3
Da las cuatro.	4
Da las cinco.	5
Da las seis.	6
Da las siete.	7
Da las ocho.	8
Da las nueve.	9
Da las diez.	10
Da las once.	11
Y da las doce.	12

Todos de pie: lo repetimos desde el título. Cuando el reloj da las **12** todos nos debemos sentar. Los estudiantes, quienes por distraídos no lo hagan, deben cantar Cielito lindo pag.173

La mano

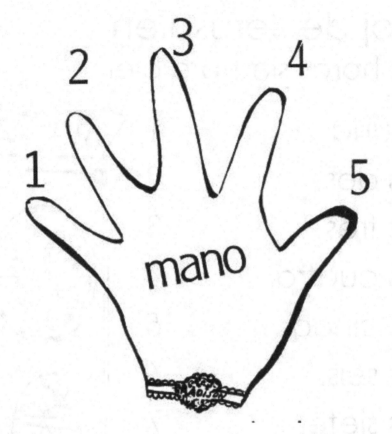

1- Meñique es el más pequeño.

2- Anular es el más coqueto.

3- El del medio es el más alto.

4- El índice es muy servicial.

5- El pulgar es el gordito.

Meñique, # 1, mandó a anular, #2, a que le comprara un huevito. Este # 3, lo cocinó. Este # 4, le echó la sal y el pícaro gordo, # 5, se lo comió.

CAPÍTULO V
GRAMATICA

Además: Verbos ser y estar. Palabras interrogativas. Pronombres demostrativos. Adjetivos comparativos. Expresiones del verbo gustar. El diminutivo y el aumentativo.

El sustantivo

mamá

papá

perro

gato

casa

carro

Sustantivos: Son las palabras que denominan personas, animales o cosas. Estos y miles más son sustantivos comunes. Hay también sustantivos propios. Ejs. :José, María, Pablo, Bolivia, Perú, Venezuela. España.

El adjetivo

grande

pequeño

amarillo

azul

inteligente

generoso

El género

Masculino

Femenino

El número

Singular

manzana

banano

bicicleta

carro

Plural

Como regla general, **el plural,** se forma al añadir **s** al singular.

S

bicicleta**s**   manzana**s**   carro**s**

Los artículos definidos

El

Artículo definido, masculino, singular.
Ejs.: El niño, el gato, el pato, el león, el libro, el cuaderno, el lápiz, el diccionario

La

Artículo definido, femenino, singular.
Ej.: La niña, la gata, la leona, la pizarra, la tiza, la regla, la pluma, la casa.

Los

Artículo definido, masculino, plural.
Ejs.: Los niños, los gatos, los patos, los leones, los libros, los cuadernos, los lápices, los diccionarios.

Las

Artículo definido, femenino, plural.
Ejs.: Las niñas, las gatas, las patas, las leonas, las pizarras, las tizas, las reglas, las plumas.

Los artículos indefinidos

Un

Artículo indefinido, masculino, singular. Ejs.: Un niño, un gato, un pato, un león, un libro, un cuaderno, un lápiz, un diccionario.

Una

Artículo indefinido, femenino, singular. Ejs.: Una niña, una gata, una pata, una leona, una pizarra, una tiza, una regla, una pluma.

Unos

Artículo indefinido, masculino, plural. Ejs.: Unos niños, unos gatos, unos patos, unos leones, unos libros, unos cuadernos, unos lápices, unos diccionarios.

Unas

Artículo indefinido, femenino, plural. Ejs. : Unas niñas, unas gatas, unas patas, unas leonas, unas pizarras, unas tizas, unas reglas, unas plumas.

*Tarea: Dicto veinte sustantivos para ponerles los artículos indefinidos.

El pronombre personal tú y usted

FAMILIAR	FORMAL
TU	USTED
tú	usted
niño	principal
amigo	profesor
hermano	doctor
primo	señor
compañero	señora
camarada	señorita
pariente	profesional
acudiente	sacerdote

Los pronombres tú y usted corresponden a la persona con la que hablamos; la diferencia está en que si hablas con tu profesora no le debes decir tú sino usted. Los estudiantes encuentran dificultad en comprender esta peculiaridad del idioma. El plural es ustedes y se conjuga en tercera persona del plural.

En otras palabras; las formas [usted, ustedes] se emplean con el verbo en tercera persona (singular o plural) en sustitución de tú, cuando el hablante se dirige a una persona de manera respetuosa. Cuando el interlocutor es el Rey, se le debe decir ' su majestad ' que es tercera persona.

Pronombres personales en singular

Primera persona del singular. La persona que habla.

 Yo

Segunda persona del singular. La persona con quien hablo.

 tú

Juan   o   María

Tercera persona del singular. La persona de quien hablo.

 él    ella

José   o   Ana

Pronombres personales en plural

La primera persona del plural incluye la primera persona del singular.

nosotros

nosotras

La segunda persona del plural.

vosotros

vosotras

Este pronombre se usa para referirse a personas de cierta superioridad.

La tercera persona del plural.

ellos

ellas

Los verbos irregulares SER, ESTAR

SER = características
o existencia absoluta

Yo soy alto.
Yo soy inteligente.
Yo soy amable.
Soy romántico.
Soy un buen estudiante.

yo **soy**
tú **eres**
él, ella, Ud. **es**
nosotros-as **somos**
vosotros-as **sois**
ellos, ellas, Uds. **son**

----

1 ESTAR: Localización Ej. Mi casa **está** en el campo.
Los libros **están** en la escuela.
2 ESTAR: Condiciones temporales; es decir, pasajeras.

Yo **estoy** enfermo.
Yo **estoy** con tos.
Estoy con sueño.
Estoy contento.
Estoy triste.
Estoy en la clase.
Estoy en la escuela.
Estoy en el gimnasio.

yo **estoy**
tú **estás**
él ella, Ud. **está**
nosotros(as) **estamos**
vosotros (as) **estáis**
ellos, ellas, Uds. **están**

*Los verbos **copulativos** Ser y estar no siguen un patrón porque son irregulares
*Tengo que aprenderlos de memoria.

Verbos terminados en -**ar**

1 alz**ar**	14 mand**ar**	Ejs. #6
2 bail**ar**	15 medit**ar**	cant**o**,
3 brill**ar**	16 mir**ar**	cant**as**
4 compr**ar**	17 tom**ar**	cant**a**
5 camin**ar**	18 trabaj**ar**	cant**amos**
6 **cantar**	19 pint**ar**	cant**áis**
7 dibuj**ar**	20 patin**ar**	cant**an**
8 **estudiar**	21 pag**ar**	
9 entr**ar**	22 pesc**ar**	#8
10 lav**ar**	23 respir**ar**	estudi**o**
11 levant**ar**	24 rez**ar**	estudi**as**
12 llev**ar**	25 suspir**ar**	estudi**a**
13 llor**ar**		estudi**amos**
		estudi**áis**
		estudi**an**

El infinitivo es el nombre del verbo y su terminación siempre es _**ar**
Para conjugar estos verbos separo la terminación _**ar** del infinitivo y añado a la raíz; para la primera persona _**o**, para la segunda _**as**, para la tercera _**a**. Para la primera del plural _**amos**. Para la segunda del plural _**áis**. Para la tercera del plural _**an**. Siempre siguen el mismo patrón.

Veo los pronombres personales en las pags. 133 /134.

Verbos terminados en -**er**

leer	le**o**	corr**o**
comer	le**es**	corr**es**
correr	le**e**	corr**e**
beber	le**emos**	corr**emos**
corresponder	le**éis**	corr**éis**
temer	le**en**	corr**en**

Verbos en **ir**

vivir	viv**o**	escrib**o**
escribir	viv**es**	escrib**es**
omitir	viv**e**	escrib**e**
percibir	viv**imos**	escrib**imos**
permitir	viv**ís**	escrib**ís**
compartir	viv**en**	escrib**en**

Observo que en los verbos cuyo infinitivo termina en **-er, -ir**, la terminación para la primera persona, como en los verbos en **-ar**, es también **-o**.

Palabras interrogativas

1 ¿Qué? ¿Qué es? Es la pizarra.

Es el mapa.

Es un perro.

2 ¿Quién? ¿Quién es? Es David.

Es el profesor de canto.

Es mi dentista.

¿Quiénes? ¿Quiénes son?

Son mis amigos.

Son los estudiantes.

Son Jorge y Mónica.

3 ¿Cuál? ¿Cuál es? Es el sombrero blanco.

Es el de las páginas amarillas.

Veo claramente que el signo interrogativo siempre se pone antes así: **¿** , después así: **?**; también el signo de admiración, antes así: **¡,** después así: **!**

Las palabras interrogativas **siempre** llevan **tilde** o acento ortográfico.

Todas las palabras tienen acento pero no todas llevan **tilde. Acento** es la fuerza que se hace, sobre una sílaba, en cada palabra. **Tilde** o acento ortográfico es la **rayita / ´ /** que se marca sobre la vocal de la silaba acentuada. Veo la pag. 245.

Adjetivos demostrativos

Singulares		Plurales	
<u>este</u>	esta	<u>estos</u>	estas
<u>ese</u>	esa	<u>esos</u>	esas
<u>aquel</u>	aquella	<u>aquellos</u>	aquellas

Estos adjetivos dan referencia de la distancia a la cual están los sujetos u objetos.

Si el objeto está cerca y es masculino singular decimos **este**.

Si está retirado y es masculino singular decimos **ese**

Si está lejos y es masculino singular decimos **aquel.**

1 Este libro es de música.

2 Ese libro es de matemáticas.

3 Aquel libro es de español.

Si estos adjetivos demostrativos se usan para reemplazar un sustantivo se convierten en pronombres demostrativos.

Ej.: Ese es mi perro, **aquél** es el tuyo. Me gusta esta casa, **ésa** no me gusta. Estos pronombres siempre llevan tilde o acento ortográfico.

Aquí hay 3 respuestas para la adivinanza.

Más palabras interrogativas

¿Dónde?

Encima, debajo, lejos, adelante, atrás, afuera.

Arriba, abajo, adelante, atrás, adentro.

¿Cuándo?

Antes, después, mientras, pronto, tarde, temprano.

¿Cómo?

Grande, pequeño, alto bajo, cuadrado.

¿Cuánto?

Mucho, poco, menos, bastante, más, demasiado.

Para estudiantes avanzados: Estas palabras son adverbios relativos. No tienen tilde cuando no son interrogativos. Ej.:
La casa donde vive Miguel es grande.
La fábrica donde trabajo está en Miami.
Sabemos cuando no obramos bien.
Se quieren como hermanos.
Te daré cuanto tengo.

Adjetivos posesivos

mi	mi libro
tu	tu libro
su	su libro
nuestro	nuestro libro
nuestra	nuestra escuela
vuestro	vuestro libro
vuestra	vuestra escuela
su	su maestro (de ellos)

Como adjetivos posesivos se anteponen al sustantivo.

Funcionan como pronombres posesivos las formas

mío, mía, míos, mías	El libro es mío.
tuyo, tuya, tuyos, tuyas	El libro es tuyo.
suyo, suya, suyos, suyas	El libro es suyo.

Son pronombres porque llevan consigo la información del sustantivo al que aluden. Todos significan propiedad o pertenencia.

Adjetivos comparativos

Los adjetivos comparativos relacionan claramente una cualidad, con la misma, en otro sustantivo.

De igualdad: Tan... como
Ej.: Samanta es **tan** alta **como** Margarita.
El elefante es **tan** pesado **como** el hipopótamo.
Mi libro es **tan** interesante **como** mi cuaderno.
El sombrero es **tan** elegante **como** el abrigo.
El color azul es **tan** lindo **como** el color rojo.

De inferioridad: Menos que
Los empleados ganan **menos que** los jefes.
El tren es **menos** rápido **que** el avión.
El perro es **menos** agresivo **que** el tigre.
Mi hermano es **menos** estudioso **que** mi hermana.
El mango es **menos** jugoso **que** la naranja.

De superioridad: Mejor que, mayor que, más que.
El cuero es **mejor que** el plástico para hacer chaquetas.
Unos presidentes tienen **mayor** popularidad **que** otros.
El azúcar de caña endulza **más que** la miel.

HABLEMOS DE PALABRAS EN GRADO SUPERLATIVO
El grado superlativo aumenta las cualidades al máximo, si agregamos la terminación **ísimo** o **ísima**.
Ej.: De excelente, excelen**tísimo** o excelen**tísima**.
De inteligente, inteligen**tísimo** o inteligen**tísima**.
De alto, al**tísimo**. De alta, al**tísima**.
De grande grand**ísimo** o grand**ísima**.
De feo, fe**ísimo**, de fea fe**ísima**.

ANALICEMOS NUESTRAS FRASES

La casa es grande.

La: Artículo definido, femenino, singular.

casa: Sustantivo común, femenino, singular.

es: Del verbo ser. Tercera persona singular en presente de indicativo.

grande: Adjetivo calificativo, singular

María es una niña bonita.

María: Sustantivo propio, femenino, singular.

es: Tercera persona singular, en presente de indicativo.

una: Artículo indefinido, femenino, singular.

niña: Sustantivo común, femenino, singular.

bonita: Adjetivo calificativo, femenino, singular.

Los niños son guapos.

Los: Artículo definido, masculino, plural.

niños: Sustantivo común, masculino, plural.

son: Tercera persona plural del verbo ser (ellos).

guapos: Adjetivo calificativo, masculino, plural.

Los estudiantes cantan lindo.

Los: Artículo definido, masculino, plural.

estudiantes: Sustantivo común, plural.

cantan: Tercera persona plural del verbo cantar (ellos).

lindo: Adverbio calificativo.

José es inteligente.

José: Sustantivo propio, masculino, singular.

es: Tercera persona singular del verbo ser (él).

inteligente: Adjetivo calificativo, singular.

La forma verbal está, en todos los ejemplos, en presente de indicativo

Ejercicios como estos adelantan a los estudiantes
de manera increíble.

Expresiones del verbo gustar

Me gusta	Me gusta la música.
No me gusta	No me gusta cantar.
Te gusta	Te gusta leer.
No te gusta	No te gusta escribir.
Le gusta	A María le gusta bailar.
No le gusta	A José no le gusta bailar.
Nos gusta	Nos gusta la comida latina.
No nos gusta	No nos gusta la pimienta.
Les gusta	Les gusta viajar.
No les gusta	No les gusta madrugar.

*Tarea: La mitad de los alumnos debe decir o escribir las cosas que le gustan y el resto las que no le gustan.

Hago preguntas como éstas: ¿Te gusta el pescado? ¿Te gusta la música clásica? ¿Te gusta viajar?

Y al grupo: Levanten la mano los que les guste esquiar. ¿Les gusta esquiar? ¿Les gusta la comida picante? Deben responder en frases completas. Ejs.: ¿Les gustan las camisas blancas? Sí nos gustan las camisas blancas. ¿Les gustan las tareas largas? No, no nos gustan las tareas largas.

Verbo tener

Yo tengo.

Tú tienes.

Él tiene. Ella tiene. Usted tiene.

Nosotros tenemos. Nosotras tenemos.

Vosotros tenéis. Vosotras tenéis.

Ellos tienen. Ellas tienen. Ustedes tienen.

Yo tengo un corazón generoso.

Tu tienes una guitarra muy fina.

Él tiene un libro de matemáticas.

Nosotros tenemos interés en la clase.

Vosotros tenéis mucha paciencia.

Ellos tienen un bote de vela.

Este verbo es de mucho uso porque a todos nos gusta saber lo que tenemos y lo que no tenemos.

En la primera persona se dice: Tengo. Tengo hambre, tengo sueño, tengo sed.

El diminutivo y el aumentativo

librito   **libro**   **librote**

Si comparamos estos tres libros vemos que son diferentes. El del centro es de buen tamaño; lo llamamos **libro**.

El libro de la derecha es un libro muy grande; lo llamamos
librote. La palabra librote es un aumentativo.

El libro de la izquierda es un libro pequeño; lo llamamos
librito. Es un diminutivo.

El aumentativo: mediante la adición de un sufijo [-ote] se aumenta el tamaño. El diminutivo disminuye el tamaño mediante la adición del sufijo [-ito].

Ejemplos: El diminutivo de perro es perrito, el aumentativo perrote. El diminutivo de gato es gatito, el aumentativo gatote.

Manzanita es el diminutivo de manzana; el aumentativo es manzanota.

Ej. #1 Veo un librito de flores. Esto quiere decir que el libro es pequeño. Si el libro tiene flores pequeñitas podemos decir que es de florecitas.

Ej. #2 Veo un libro de mapas grandote. Esto quiere decir que es un librote.

CAPÍTULO VI
SE HABLA ESPANOL

Costumbres: DON BOSCO. Adivinanzas.

Lecturas: El café. El algodón. El plátano. El mango.

La pepa del aguacate. El sombrero. La ruana y el pañolón

Día de Acción de Gracias. La Leyenda del Dorado.

 La voz de los animales.

Nuestra gente: CRISTOBAL COLÒN. SIMON BOLIVAR.

GABRIEL GARCIA MARQUEZ. RAFAEL POMBO

Nota: En la página 148, linea 4, palabra 5, corrijo **respeto** en lugar de repeto.

Don Bosco

Me llamo [perro] no hablo como el [loro] aun

así, puedo ayudar a la [maestra] a enseñarles [libro Español]

Estoy pequeño y desde ya me llaman Don Bosco,

es un título de repeto, mi papá se llama Don Paco,

mi mamá Doña Pepita y mi hermano se llama Pelé.

Vivo con una familia hispana, ellos son educados y

unidos; sólo se separan de la casa cuando se [casan anillos] [corazón]

sus familias ocupan un sitio muy especial en su

Siempre comen juntos en el [mesa comedor] donde comparten

sus pensamientos. Cuidan mucho a sus abuelos y bisabuelos.

En los paises hispanos hay productos como el [banano] el [mango]

el [aguacate] etc. los que hacen la comida diferente y *deliciosa*

Ellos comen arroz con [pollo], [frijoles] rojos, *lentejas*

Les gusta bailar, [música notas], jugar [balón], conversar.

Y hasta aquí la historia de la gente con quienes vivo.

Adelante les contaré más cosas.

Se habla Español en:

País	Capital
1 Argentina	Buenos Aires
2 Bolivia	La Paz
3 Chile	Santiago
4 Colombia	Bogotá
5 Costa Rica	San José
6 Cuba	La Habana
7 Ecuador	Quito
8 España	Madrid
9 Guatemala	Guatemala
10 Honduras	Tegucigalpa
11 México	Ciudad de México
12 Nicaragua	Managua
13 Panamá	Ciudad de Panamá
14 Paraguay	Asunción
15 Perú	Lima
16 Puerto Rico	San Juan
17 República Dominicana	Santo Domingo
18 Uruguay	Montevideo

Economía

Argentina: ganado

Bolivia: plomo estaño

Chile: uvas   cobre

Colombia: café  oro

Ecuador: petróleo

Perú: pieles

Panamá  bananos

México: maíz

Venezuela: café

Proverbios

1. Querer es poder.
2. Al que madruga Dios le ayuda.
3. El perezoso trabaja doble.
4. No dejes para mañana lo que puedas hacer hoy.
5. Contra pereza diligencia.
6. Entre gustos y colores no disputan los doctores.
7. Lo bueno, si breve, dos veces bueno.
8. Más vale tarde que nunca.
9. Al son que me toquen bailo.
10. Del árbol caído todos hacen leña.
11. Al mal tiempo, buena cara.
12. Camarón que se duerme se lo lleva la corriente.
13. Cuando el río suena piedras lleva.
14. Agua que no has de beber, déjala correr.
15. Lo barato sale caro.
16. Del afán no queda sino el cansancio.
17. Dime con quiénes andas y te diré quién eres.
18. Que en su favor, respeto aprenda la juventud.
19. Haz el bien, sin mirar a quién.
20. El orden es luz en la oscuridad.
21. Antes de que te cases, mira y piensa bien lo que haces.
22. El orden y la economía dan riqueza y alegría.
23. Matrimonio y mortaja del cielo bajan.
24. Buen porte y buenos modales abren puertas principales.
25. Errar es humano, perdonar es divino.
26. Ojos que no ven, corazón que no siente.
27. Quien más se demora en hacer una promesa, más fiel es en cumplirla.
28. Entre santa y santo, pared de cal y canto.
29. El placer de vivir sin pena, bien vale la pena de vivir sin placer.
30. Respeta si quieres ser respetado.

* contar sabe no lombriz Nene. La respuesta está escrita al revés.

Adivinanzas

Tengo hojas y no soy un árbol.
Tengo lomo y no soy un caballo.
Y aunque no tengo boca ni lengua
Mil consejos útiles doy.   Respuesta pag. 146

Blanco, redondo.
Gallina lo pone.
Y frito se come.   Respuesta pag. 184

De paseo van: Mamá lombriz, papá lombriz y nene lombriz;
De pronto nene lombriz dice: "Vamos cinco"
-¿Por qué nene lombriz dice: "Vamos cinco" ?   Respuesta * pag.
151

Don Pascual, ¿Cómo se llama su perro?
Don Pascual responde: - Cuál
Don Pascual, que ¿Cómo se llama su perro?
Don Pascual responde: -Cuál
Don Pascual, ¿Cómo es que se llama su perro?
Pues mi perro se llama _____   Repuesta pag. 138

Vivo en planta verde muy verde.
Siempre viajo de amarillo a la escuela
y al mercado, por aquello de que de todas
siempre soy la preferida. Respuesta pag. 233

Para la memoria:
"En la mesa no se canta,
ni tampoco se dan gritos;
ni se juega con las cosas,
ni se ponen los coditos"

El café. Lectura

El café es uno de los productos más cotizados del mercado exterior. Crece a la sombra de bosques tropicales en climas templados en zonas montañosas.

El sembrado se llama cafetal; la planta es un arbusto de nombre cafeto. Sus hojas son verdes, ovaladas y brillantes. Sus flores, de poca duración, son blancas y perfumadas. La fruta madura es roja y azucarada, semejante a una cereza alargada, con su pepita dura en el centro.

Esa pepita es el café. La calidad superior depende mucho de la categoría de fruta madura que se recoja ; después de tostada, molida y empacada, se transporta, en buques de carga, hacia países extranjeros.

¡Al prepararlo esparce su aroma! ¡Es amigo de los trabajadores serios!

Los países cultivadores de café ganan medallas por la calidad de su producto; entre ellos están Colombia, Costa Rica, Guatemala, Nicaragua, Venezuela y Brasil.

El algodón. Lectura

La planta del algodón es hermosa.
Sus hojas son verdes en forma de mano.
Sus flores amarillas con manchas violetas.
Su fruto es una mota blanca.

Realmente es una planta preciosa.
Se produce en zonas tropicales.
Los cultivos, en determinado momento,
semejan una nube blanca,
a pocos pies del terreno
donde están sembrados.

Del algodón se hace el papel y
el hilo para bordar y tejer.
Haz de un retazo de tela,
 la mejor manera de lucir tus galas;
ilumina el pensamiento
 con el libro de la escuela.

" Gloria a la preciosa planta
 y al trabajo que redime" -dice un poeta.
 "¡ Gloria al inmortal Colón
  y a su tierra americana
  en donde crece lozana
  la planta del algodón!"

Miles de trabajadores van a los campos a recoger a mano,
mota a mota, la cosecha. El sueldo depende de la cantidad,
de algodón que cada uno recoja en un día

.*Puedo pegar motitas de algodón en el dibujo para hacerlo más
real.

La pepa **del** aguacate
Siembro un árbol de aguacate

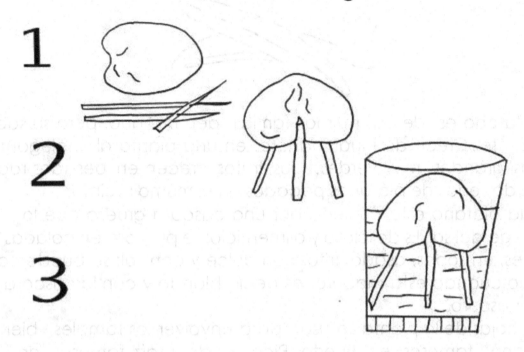

Necesito: La pepa **del** aguacate, tres palillos y un vaso con agua.
Sigo los pasos 1,2 y 3

Hacia la segunda semana comienza a crecer el cogollito; cuando tenga dos pulgadas se le corta un pedacito para que continúe en dos ramitas. Cuando tenga la altura deseada, ya con ramitas y hojitas, se pasa a una maceta y se envía a un clima tropical para que dé abundantes frutos.

El aguacate es una delicia. Se come con sopa, en ensaladas o se prepara en guacamole así: Pelarlo, majarlo, y agregarle cilantro fresco, jugo de limón, sal y salsa de ají al gusto. "La pepa" es lo último que se tira a la basura, pues en cualquier preparación evita que la pulpa se ponga oscura..

*Nota gramatical: La contracción **del** corresponde a la amalgama **de el** Ej. : Vengo **del** aeropuerto. Los libros **del** profesor.
También existe la contracción **al**, que corresponde a la amalgama **a el.** Ej. : Voy **al** teatro. Voy **al** banco.

El plátano

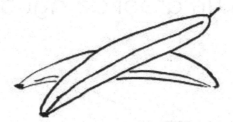

El plátano es de la misma familia del banano, pero su sabor es diferente. Crece de igual manera, en una planta alta, elegante, de hojas grandes muy verdes. Sus frutos crecen en pesados racimos; hay docenas de plátanos pegados en el mismo racimo.

Cada plátano está cubierto por una cáscara gruesa que lo protege del sol. Es delicioso y alimenticio; se prepara en coladas para bebés, en sopas, asado, frito, con dulce y con sal; se puede comer crudo cuando está maduro, es decir blando y con la cáscara de color oscuro.

Las hojas de la planta se usan para envolver los tamales, bien de plátano, famosos en Puerto Rico, o de maíz, famosos en México y Colombia. Cuando a una persona extranjera se le invita a comer tamales, a veces pregunta si la hoja también se come. La respuesta es **no.**

El mango

Fruta de buen tamaño, dulce y exquisita; su sabor y aroma la colocan entre las primeras delicias de los países tropicales, al lado de la piña, la guanábana y la papaya. El árbol de mango es altísimo, grande, frondoso y fuerte, de hojas pequeñas, un poco alargadas y brillantes. Sus cosechas son abundantes. (Se come como cualquier otra fruta) Se prepara en jugos, batidos y helados. Nunca, eches una siesta en una hamaca, debajo de un árbol de mango, porque te puede despertar un golpe en la cabeza.

Cristóbal Colón
Y el 12 de Octubre de 1492

Isla de Guanahaní

La Santa María

La Pinta

La Niña

DÍA DE "EL DESCUBRIMIENTO DE AMÉRICA"

Simón Bolívar

1783 – 1830

En 1813 fue proclamado Libertador

ES EL PADRE DE CINCO REPUBLICAS
  COLOMBIA / Bogotá.
  VENEZUELA / Caracas.
  ECUADOR / Quito.
  PERU / Lima
  BOLIVIA / La Paz

El Palomo Blanco de Bolívar.
 Así se llamaba su caballo que reconocía sus pasos y relinchaba al escuchar el timbre de su voz. Parecía que, al montarlo, el Palomo Blanco se sentía el portador del genio de la gloria.
  Leo la página 190.

Gabriel García Márquez

Con la novela "Cien Años de Soledad", el colombiano Gabriel García Márquez ganó el Premio Nóbel de Literatura. Acontecimiento cultural del año 1967.

Rafael Pombo.

Don Rafael Pombo
Ingeniero, académico y diplomático.
Nació en 1833 y murió en 1912.
Traductor y colaborador de muchas revistas.
Sus versos, llenos de ternura y amor, fueron
dedicados a los niños de América, quienes los han
ido aprendiendo a través de varias generaciones.
Por su palabra elevada, tierna y conmovedora,
es conocido como 'El poeta de los niños'.
Heredamos de él: "Cuentos
Pintados" y cientos de fábulas
maravillosas.

El aprendizaje del idioma español vale la pena,
tan sólo para poder leer e interpretar el libro titulado:

' LO MEJOR DE RAFAEL POMBO'.

Día de Acción de Gracias

En 1620 (mil seiscientos veinte), un barco llamado Mayflower (Flor de mayo) ancló en la costa de Massachussets. A bordo venían los Pilgrims (peregrinos ingleses), en su mayoría exiliados políticos y religiosos, que acordaron establecer una colonia en Norte América.

El origen del día de Acción de Gracias se remonta al día en que, después de mucha sequía, cayó la lluvia mientras indios y colonizadores oraban y celebraban una gran fiesta.

En 1863 el presidente Abraham Lincoln proclamó 'Día de Acción de Gracias' el cuarto jueves del mes de noviembre. Es un día muy especial y, a la usanza de entonces, la comida es abundante: El pavo, bien grande, no debe faltar en el centro de la mesa.

Es un día de unión, gratitud y regocijo por los muchos dones de libertad que disfrutamos.

"Viva el día de Acción de Gracias".

La Leyenda de "El Dorado"
COLOMBIA

Esto es lo que la tradición, los libros y los cuentos dicen acerca de la Leyenda de El Dorado. Se remonta a la época en que los españoles buscaban un país legendario famoso por sus riquezas.

Ocurría en Guatavita, preciosa laguna de aguas verdes rodeada por hermosos cerros. Localizada en una altiplanicie del departamento de Cundinamarca, en un país de fascinante topografía, hermosos paisajes, exótica vegetación y tradiciones incomparables: la República de Colombia en Sur América.

Bacatá, conocida hoy con el nombre de Bogotá, a poca distancia de Guatavita, era entonces la vivienda del 'Zipa'*. El sin igual acontecimiento, "El Dorado", se ofrecía cada vez que se hacía necesario consagrar un nuevo Cacique.

El 'Zipa' o heredero iba seguido de un séquito de sacerdotes, guerreros, príncipes de la corte y todos los habitantes de la región. En caravanas, al compás de alegres tambores, portaban cuanta riqueza tenían en oro, plata, esmeraldas y piedras preciosas: Pulseras, collares y brazaletes de perlas; valiosas piezas talladas en oro, marfil, plata y platino. Era la ofrenda a Chibchacum, dios supremo, a Badini, diosa de las aguas y a su nuevo Soberano.

Las comidas y bebidas fermentadas se ofrecían en suma abundancia; se servían en raras vajillas hechas por famosos orfebres de Ráquira y Tocancipá.

El 'Zipa', debido a sus ayunos para purificar su alma, se presentaba muy pálido pero a la vez sereno y majestuoso, sobre una balsa de oro.

Durante la ceremonia, su cuerpo era cubierto con oro en polvo, hasta quedar como una estatua dorada cuyos rayos de luz, iluminados por el brillo del sol, se multiplicaban.

El sacerdote, mediador entre ellos y sus dioses, imponía un gran silencio con su presencia y digno atuendo, adornado con piedras preciosas y plumas de mil colores.

El momento más solemne ocurría cuando la balsa dorada se dirigía hacia el centro de la preciosa laguna, donde el Zipa se sumergía en sus profundas aguas. Entonces los asistentes contenían la respiración hasta que lo veían salir victorioso. Convertido en el nuevo Cacique, salía dispuesto a gobernar de acuerdo a las tradiciones predicadas en la justicia, la disciplina y la honradez.

Este evento era seguido de indescriptible júbilo; todos sus súbditos arrojaban las preciosas ofrendas a la laguna. El Cacique a su vez, junto con su séquito, ofrecía abundantes obsequios de los mismos materiales.

La celebración duraba tres días seguidos; bailaban y cantaban hasta agotarse. La alegría se escuchaba por doquier y en las montañas el eco retumbaba sin cesar.

Finalmente, el pueblo regresaba a sus tareas cotidianas, hasta la siguiente vez que se hiciese necesario elegir un nuevo Cacique.

VOCABULARIO:
Bacatá: Bogotá capital de la república de Colombia en Sur América.
Chibchas: Indígenas de la región de Cundinamarca.
Guatavita: Población, hoy de gran atractivo turístico.
Guatavita: Nombre de la laguna.
*Zipa: Nombre de los caciques chibchas.
Chibchacum: Dios supremo.
Badini: Diosa de las aguas.

El sombrero. Lectura

La industria de los sombreros siempre ha existido y existirá porque son lindos y elegantes. El sombrero acrecienta el nivel del ego cuando la persona es distinguida y sabe llevarlo. Antiguamente los integrantes de las familias de abolengo los usaban para salir de compras, ir a la iglesia, al teatro, y a la hora del té. Se dice que hay una ocasión para cada sombrero y un sombrero para cada ocasión: Ceremonias, restaurantes, paseos y tertulias.

Los hay de muchas formas, redondos y ovalados; también de pico o de punta; son de fieltro, de terciopelo, de piel, de paja y de corcho; se adornan con frutas, flores, plumas, encajes, cintas, etc. Son de tanta variedad que es difícil hacer dos sombreros iguales.
No a todas las personas les sienta bien el sombrero, pero quienes lo usan, si saben lucirlo, escogen el que mejor les queda, de acuerdo al atuendo que lleven y a la ocasión. Se llevan de frente, de lado, de postín, hacia adelante, hacia atrás.
Los llevan los presidentes, los ministros, los gobernadores, los jueces, los sacerdotes, los vaqueros y hasta el tío Samuel. También los colombianos, los mexicanos, los argentinos, los españoles, los de Norteamérica, Centroamérica y Suramérica. Viajan en tren, en barco, en avión y en carro. Los usan los magos para divertir al público y hasta las brujas en el día del Halloween.

La Ruana y el Pañolón. Lectura

La ruana es una prenda de ropa muy importante en los países montañosos. Se trata de un pedazo de tela, cuadrado u ovalado, con un ojal grande en el centro para meter la cabeza. Las hay de hilo, de algodón y de lana etc. Las hay de un solo color; claro para los climas templados y oscuro para los climas fríos. También las hay de listas y de cuadros en diversos colores. Las venden en almacenes y tiendas o a la orilla de la carretera, a precios muy económicos para el comprador .

La ruana es la prenda ideal y preferida por el campesino en las zonas montañosas y frías. Ellos van con sus niños, también abrigados con sus ruanas, por caminos y carreteras caminando lentamente mientras arrean el ganado. También los vemos cuando van, paso a paso, con canastos de frutas o burros cargados de bultos de café. Otras veces se les ve en las colinas, cuesta arriba, con sus ruanas amplias y abrigadas las que, en caso de apuro, usan de cobija y hasta de almohada cuando tienen que descansar. .

Don Juan Valdez, el personaje de la propaganda del café colombiano, siempre aparece con su ruana.

El pañolón: Es una prenda para la mujer. Proviene de la montaña, pero el ingenio femenino le ha dado tintes de elegancia al adornarlo de tal manera, que ahora lo luce en las fiestas, bailes y embajadas. Los hay de colores vivos, tejidos en macramé, hilo, seda o algodón; los adornan con flecos largos o mechones cortos. Llaman mucho la atención; cruzan fronteras para aparecer en bodas y banquetes.

La voz de los animales

El perro ladra

El caballo relincha

El toro brama

El lobo aúlla

La abeja zumba

La rana croa

El gato maúlla

El cerdo gruñe

La oveja bala

El buey muge.

La serpiente silba

El pajarito trina

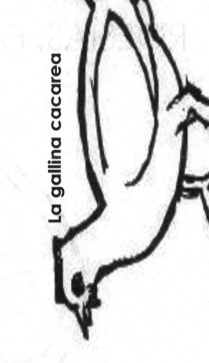

La gallina cacarea

El león ruge

La paloma arrulla

El zorro late

El gallo canta

El pollito pia

CAPÍTULO VII

POESÍAS, FÁBULAS, Y CANCIONES

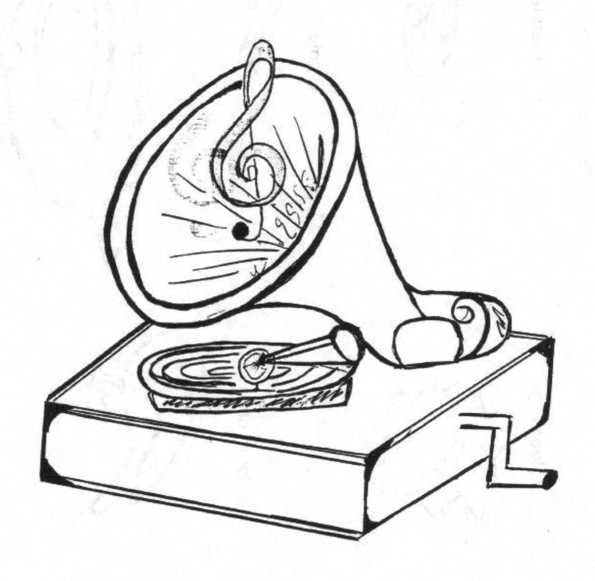

La música es una de las expresiones más fascinantes del sentir de la humanidad. Cada continente, país, departamento y región realza en la música sus costumbres y manera de pensar.

Don Bosco

De nuevo para contarles: en nuestra herencia, existen

los nexos de familia bien fuertes se llevan dos apellidos;

el del padre seguido del de la madre.

En Colombia hay una dentro de una mina de sal.

En el Perú las ruinas de los incas son maravillosas y místicas.

En Argentina son famosas las pistas de Bariloche para los

La música: increíble la diferencia entre un tango argentino,

una ranchera mexicana, un pasodoble español o una cumbia

colombiana.

Tenemos personas muy notables en la literatura y la

poesía. Grandes pintores y escultores en las bellas artes.

La historia de los paises hispano hablantes es sumamente

interesante.

Los son los mejores amigos de quienes desean

aprender. Estaré con Uds. más adelante para contarles de

mi vida.

De colores. Lectura

De muchos y diferentes colores se visten los campos en la primavera. De color verde y amarillo es el verano; en el otoño predominan el anaranjado, el rojo, y hasta el color violeta. En el invierno el blanco y el plateado prevalecen.

De colores son las mariposas y los pajaritos; las flores, las frutas y los vegetales.

De colores son: El sol, la luna y las estrellas.

De siete colores es el arco iris que vemos salir y por eso todos los colores me gustan a mí.

Los nombres de los colores son: Amarillo, azul, rojo, anaranjado, verde, blanco, negro, gris, morado, violeta, lila, marrón. Hay también, el azul claro, el azul oscuro, el azul rey, el azul marino, el índigo. El verde claro, el verde oscuro, el verde esmeralda. Otros: el plateado, el azul celeste, el color perla, el dorado, el cobrizo, el rubio, el coral, el azabache y muchos más.

Los pollitos

Los pollitos dicen:
Pío, pío, pío,
cuando tienen hambre,
cuando tienen frío.

La gallina busca,
el maíz y el trigo.
Les da la comida
y les presta abrigo.

Bajo sus dos alas,
duermen los pollitos
acurrucaditos
hasta el otro día.

¿Qué dicen los pollitos cuando tienen hambre?

¿Qué dicen los pollitos cuando tienen frío?

¿Qué busca la gallina? ¿Cómo duermen los pollitos?

Guantanamera

Yo soy un hombre sincero
De donde crece la palma. (bis)
Y antes de morirme quiero
echar mis versos del alma.

Guantanamera, guajira guantanamera...
Guantanamera, guajira guantanamera.

Mi verso es de un verde claro
 Y de un carmín encendido. (bis)
Mi verso es un ciervo herido
que busca en el monte amparo.

Con los pobres de la tierra,
quiero yo mi suerte echar. (bis)
El arroyo de la sierra
me complace más que el mar.

José Martí. Héroe cubano.

Cielito Lindo

(C. Fernández)

De la Sierra Morena, cielito lindo
 vienen bajando,
un par de ojitos negros, cielito lindo,
 de contrabando.

¡Ay, ay, ay, ay!
 ¡Canta y no llores!
Porque cantando se alegran, cielito lindo,
 los corazones!

Si todos estudiamos, cielito lindo,
 todos los días;
 las notas de excelencia, cielito lindo,
 bien merecidas.

¡Ay, ay, ay, ay! ¡Canta y no llores!
 Porque cantando se alegran, cielito lindo,
 los corazones!.

Nota: "Cielito Lindo" es una canción popular mexicana.
Puedes inventar tus propias estrofas.

Serenata

(Manuel de Ponce)

Las Mañanitas

Estas son las mañanitas
que cantaba el Rey David...
Por ser hoy, día de tu santo,
te las cantamos a ti.

Si el sereno, de la esquina,
me quisiera hacer el favor...
De apagarme la velita;
mientras le canto a mi amor.

Despierta, mi bien despierta,
mira que ya amaneció...
Ya los pajaritos cantan,
la luna ya se ocultó.

Serenata tradicional de México en el día de los cumpleaños.

Noche de Paz

Noche de paz. ¡ Noche de amor!
Todo duerme en derredor
las estrellas en el cielo azul
van alumbrando al Niño Jesús
y los ángeles cantan...
"Viva la noche de paz"

Felices fiestas, próspero año y felicidad.

Para la memoria

panal

El Panal, y las Moscas

A un panal de rica miel;
Cinco mil moscas acudieron
Y por golosas quedaron.
Presas de patas en él.

*Nota: Pequeñas estrofas como ésta, ejercitan la memoria. Respondo a las siguientes preguntas: ¿Qué es un panal? ¿Qué es una abeja? ¿Cómo es un panal? ¿Hicieron las moscas, bien o mal, en entrar al panal? ¿Cuántas moscas acudieron al panal? ¿Qué le pasó a las moscas? ¿Qué hace la abeja? ¿De dónde sacan las abejas la miel?

La mariposa

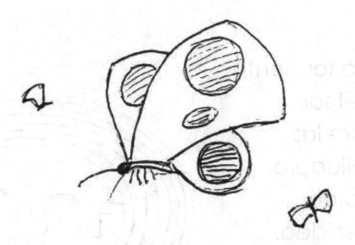

La mariposa vagarosa tiene lindos y brillantes colores. Su agilidad y donaire la destacan entre los insectos más lindos de la creación.

Sube, baja, es coqueta, es inquieta y es caprichosa.

La mariposa es ágil; sus alas amplias y lustrosas vibran sin cesar.

Más de un instante no se detiene, volando viene volando va.

**Al describir una mariposa menciono los colores. No hay dos mariposas iguales.

El Arco Iris. Lectura

Cuando pasa la tormenta
y brillante sale el sol,
 en el cielo, sobre las
Cataratas del Niágara,
ocurre un sueño de
majestuosa serenidad.
Es el Arco Iris que ofrece,
con su forma circunfleja,
un desinteresado abrazo
de amistad.
 Gloriosamente diseñados
aparecen sus colores:
 Su amarillo es de topacio,
su   rojo del rubí.
Su violeta es amatista,
de zafiro es el azul.
Y el verde cual esmeralda
sobre un hermoso jardín.

Mi cuaderno

¡ Ay! Mi cuaderno, mi buen amigo.
Mi relicario, mi inspiración...
Cuando camino, pienso y medito,
Cuánto sus hojas saben de mí.

El me comprende, me pertenece.
Profundo amante de inspiración...
Digo y repito entre sus hojas,
Cuanto me aflige y cuanto sé.

Vuelvo y lo saco de mis ensueños.
Vuelve y doblega su inspiración.
Es tierno y fiel compañero.
Es mi tutela, mi salvación.

Catalinita

-Tengo señores mi muñeca, que
es un encanto, que es un primor.
Le puse por nombre Catalinita y, si
la vieran tan pequeñita, es entre
flores primera flor.
-A Catalina, mi muñequita,
 muy experta yo la haré
 para que haga buena letra
cuando escriba en el papel.

Nota: Son dos estrofas diferentes; al aprenderlas de memoria le puedo
reemplazar el nombre, por el de mi propia muñeca.

Día de la madre

Gracias Madre Mía

Gracias porque cuando triste me encuentro,
su cariño me conforta.
Porque cuando solo estoy, su compañía me llena.
Porque en mi agonía, su afecto me salva.
Porque es la luz que, en la oscuridad, las tinieblas
disipa y me da la claridad anhelada.
Porque es mi guía, mi norte y mi alborada.
Porque es mi punto de partida y mi meta alcanzada.
Porque en usted encuentro calor cuando hace frío
y frío cuando tengo calor;
Alegría cuando estoy triste,
Refugio si estoy perdido.

No me cansaré, nunca, de expresar mi gratitud
al Ser Supremo que me puso en su camino;
Para compartir mis alegrías, mis tristezas y, por
usted, llegar a la plenitud y satisfacción del deber
cumplido ahora y siempre.

Armando

El elefante. Lectura

El elefante es el más pesado de los animales cuadrúpedos. Puede medir hasta cuatro metros de alto y es muy fuerte gracias a su tamaño.

Su cuerpo está cubierto por una piel gruesa de color grisáceo. Sus ojos son diminutos comparados con la dimensión de su cabeza. Su trompa puede medir hasta dos metros de largo y termina en un lóbulo muy sensible, con dos agujeros, con los que aspira el agua que luego expulsa sobre sí mismo para bañarse.

Se alimenta de hierbas y hojas que recoge y alcanza con su trompa para llevar a la boca de donde salen dos colmillos de marfil.

El marfil se utiliza para hacer objetos de arte muy valiosos; De marfil están hechas las teclas de los pianos.

El elefante es inteligente, aprende cuanto se le enseña; es fiel y agradecido. Le gusta que lo traten bien; le agradan la selva y la libertad pero puede adaptarse a vivir como un animal doméstico en los circos y zoológicos.

*Sé que en español no existe la unión de las letras **PH** y **TH**.

Las siete vidas del gato

Preguntó al gato Mambrú,
el lebrel perdonavidas:
- Pariente de Micifuz,
¿Qué secreto tienes tú
para vivir siete vidas?

Y Mambrú le respondió:
- Mi secreto es muy sencillo
pues no consiste sino
en frecuentar, como yo,
el aseo y el cepillo.

Rafael Pombo (El poeta de los niños)

La gallina y los huevos. Lectura

La gallina tiene una de las carnes más agradables, por su sabor, al paladar. La gallina no es tan bonita como el gallo, pero es hermosa y pone, en su nido, un huevo cada día.
El solo hecho de que una gallina pone un huevo cada día, es algo muy interesante; siempre tan frescos, tan deliciosos y tan fáciles de preparar, los huevos son un gran alimento: Añaden exquisito sabor y delicadeza a todos los manjares.

En las haciendas "los gallineros", hechos de guadua y bejuco, están siempre en lo alto; cuando oscurece, las gallinas suben, una tras otra, por escaleras hechas de pita. Se acomodan, siempre en los mismos puestos, y duermen hasta que el gallo, muy temprano, las despierta con su canto. En los gallineros el gallo canta, la gallina cacarea y el pollito pía
La fábula de "La Gallina de los Huevos de Oro" de don Félix María de Samaniego, hace referencia a una gallina que, cada día, ponía un huevo de oro para su dueño. Sucedió que el dueño, ambicioso , quiso descubrir la mina de oro y, al matarla, se quedó sin su cacareo y sin sus huevos de oro.
Es muy gracioso ver las gallinas subir al gallinero. Ahora: Imagínate un gallinero y dibújalo.

La pobre viejecita

(Fragmento)

Érase una viejecita
sin nadita que comer.
Sino carnes, frutas, dulces,
tortas, huevos, pan y pez.

Bebía caldo, chocolate,
leche, vino, té y café.
Y la pobre no encontraba
qué comer ni qué beber.

Se murió de mal de arrugas,
encorvada como un tres.
Y jamás volvió a quejarse ni
de hambre ni de sed.

Duerma en paz y Dios permita
que logremos disfrutar; las
pobrezas de esta pobre y
morir del mismo mal.

(Rafael Pombo)

El bisonte o búfalo. Lectura

El bisonte es un animal diferente. Cruza las praderas con su manada, levantando nubes de polvo. Es muy pesado y peligrosamente fuerte, de patas cortas terminadas en pezuña. Bajo su mentón lleva una barba larga que cubre su pecho tapándole las patas delanteras.

La primera persona que vió un bisonte, lo describió como tres animales en uno: Como el león, tiene la melena espesa y la cola terminada en mechón; del camello, tiene la joroba; y del toro, su manera de embestir, sin esquivar al enemigo. Cuando pelea produce ruidos estremecedores y cuando ataca, lo hace siempre de frente. Su increíble fuerza se concentra en la cabeza donde tiene los cuernos huecos y curvos. Dicen que de una sola cornada arroja lejos a los animales que se atreven a molestar su tranquilidad.

Se presenta siempre con el aire de un gigante poderoso, nunca tiene prisa y jamás se asusta. El hecho de ser miope no es molestia: Con su mirada fija y sus narices dilatadas mide el peligro, pues tiene el oído muy fino y un olfato que le permite detectar donde hay agua a varios Kilómetros de distancia. Mantiene un trote pesado durante muchos kilómetros, cuando trata de escapar de una tempestad de nieve o del fuego.

Las aves lo acompañan posadas sobre su lomo, pues al excavar en busca de comida, extrae de la tierra enjambres de insectos.

En el zoológico anda suelto en la parte silvestre.

A cerca del burro y los libros.

Habla Esopo en una de sus fábulas, titulada "El burro y los libros", de un pequeño niño de nombre Jonás, quien era un chiquillo muy descuidado con sus libros y útiles escolares. Siempre los dejaba abandonados y nunca sabía de ellos.

Un día un burro vio los libros de Jonás en la pradera y se le ocurrió comérselos, pensando que así, sin mayores esfuerzos, podría aprender cuanto en ellos decía y hasta podría llegar a ser un sabio de fama mundial.

Así pues, olvidándose de la hierba, se puso a masticar ávidamente los libros, hasta acabar con ellos. De momento, creyó que lo sabía todo y orgulloso de la ciencia que creía poseer, le anunció a sus compañeros que estaba preparado para darles lecciones.

Los otros burros le hicieron rueda admirados, esperando con atención sus lecciones. Pero, ¿Qué le sucedió al pobre burro? Permaneció en silencio, con la boca abierta y sin saber qué decir, hasta que resolvió lanzar un rebuzno atroz.

Sus compañeros, al oírlo, rebuznaron en coro y, burlándose de él, lo echaron a coces de su lado.

Así fue como el burro ignorante de la fábula se vio obligado a abandonar sus campos.

Cuidemos nuestros libros con esmero y gratitud; Ellos son nuestros maestros. Sus enseñanzas nos hacen cada día más valiosos.

El mar, las estrellas y la luna

El mar: Es una inmensa cantidad de agua llena de propiedades. (Por ejemplo, puede soportar los buques que navegan alrededor del mundo transportando mercancía muy pesada.

En el interior del mar hay una extensa vegetación y gran cantidad de especies animales. Entre sus habitantes contamos corales, perlas y peces de mil variedades, colores y tamaños.

Hay quien dice que "En el interior del mar no hay ruidos". Si penetramos dentro del mar podemos ver ruinas de barcos, sirenas y monstruos marinos como los vemos en las películas.

El agua del mar se evapora constantemente y se convierte en nubes que, cuando están suficientemente densas, caen a la tierra en forma de lluvia que alimenta el caudal de los lagos y ríos.

Las Estrellas: Son siempre curiosas porque aparecen de noche y se ven aun más lindas y brillantes cuando la noche está oscura. Las hay de dos clases; unas reciben y reflejan la luz del sol, pues no tienen luz propia. Las otras que llamamos luceros, sí tienen luz propia.

En los países tropicales, por la noche, el cielo se ve tachonado de estrellas tan grandes, que invitan a tocarlas con las manos.

La luna: Es un satélite de la tierra con que sueñan los poetas: Dicen que la luna es una mujer porque es coqueta y vanidosa cual si tuviera ojos, nariz y boca.

Los colombianos hacen fiestas sencillas en noches de luna llena; invitan a "Una Lunadita". Es fiesta de tiple, guitarra y canción con refrescos servidos a la luz de la luna.

Ahora: hago, con mi índice derecho, un círculo en mi cara en sentido contrario al reloj, y digo: La luna es redonda. Continúo señalando, mis ojos: Tiene ojos y con un dedo narices y boca. Termino al decir una vez más La luna es redonda, pero esta vez en sentido contrario. Es curioso que solo las personas que se fijan pueden hacerlo, como se les indica. No se dan cuenta de que el último círculo se hace en sentido contrario al primero.

El pañuelo Rabo de Gallo. Lectura

Es nuestro pañuelito Rabo de Gallo sinceramente digno de mencionar. Se trata de un pañuelo hecho de la tela más barata del país. Es siempre de color rojo y, francamente, a simple vista insignificante, a menos de que se trate de una fiesta, tertulia o retreta, en la plaza principal del pueblo, con banda y al son de bambucos, pasodobles y cumbias.

Es entonces cuando dicho pañuelito, sale a lucir en el cuello pelado de jovencitos de camisa muy blanca y almidonada. Todos cantan y bailan felices y es con ese pañuelito que saben conquistar lindas chicas.

Las serenatas. Siempre ocurren por sorpresa y en agasajo, bien para la amiga con quien se desea formalizar un compromiso, para una madre, hermana o abuela en el día de su cumpleaños.

Para dicho evento se contrata un conjunto musical o una banda de Mariachis; se escogen de antemano cuatro o cinco canciones románticas que se cantan después de la media noche, frente a la ventana de la homenajeada.

 Cuando el joven es aceptado, los padres, abren la puerta y entran los serenateros a cantar un poco más. Se sirven refrescos y galletas.(En la página 174 hay un ejemplo).

El Palomo Blanco de El Libertador

En memorable ocasión, El Libertador Simón Bolívar, iba en una bestia muy cansada y tuvo que esperar un día, en Santa Rosa de Viterbo, para que la mula recuperara sus fuerzas. Después contrató un peón como guía y continuó hacia Tunja. En el camino Bolívar le dijo:

¿Porqué no me alquiló su yegua?

_Señor porque está próxima a dar cría y mi mujer ha soñado que ese potro va a ser para un gran general. Y sepa usted que a ella nunca le fallan los sueños.

Bolívar guardó silencio. Pocas horas después llegó a la ciudad, donde fue recibido con grandes muestras de aprecio; el guía, quedó admirado y fue mayor su sorpresa cuando el Libertador, al despedirlo, le dijo: -A Casilda que me guarde el potro.

Pasaron años, mientras Bolívar seguía su empresa de liberarnos de España. Casilda cuidaba del precioso potro que debía servir a un gran general.

Cierto día en que la destrucción del ejército Libertador parecía inevitable, en el Pantano de Vargas, se presentó en el campo de batalla un hombre y le dijo: Mi general, aquí tiene su potro, se lo envía Casilda. Bolívar reconoció a su guía y recordó el encargo; era un hermoso caballo blanco al que llamó Palomo.

Tomando aquel incidente como un aviso del cielo exclamó con acento de victoria: " ¡ A la carga! ¡ A la carga! " Y salió montando su caballo.

Restablecida la batalla, los españoles fueron desalojados de sus posiciones y días después se entregaron vencidos en la batalla de Boyacá, quedando así asegurada la libertad de Colombia.

De regreso a Venezuela en 1819, Bolívar se detuvo en Santa Rosa para visitar a Casilda y darle las gracias por el precioso animal. Señora -le dijo Bolívar al despedirse- ¿no ha vuelto usted a soñar conmigo? – Sí señor: Lo he visto, a usted en su potro, entrar en las ciudades después de las batallas. Bolívar amaba a su caballo blanco y el noble animal lo reconocía desde lejos.

CAPÍTULO VIII
ME LLAMO

¿Cómo te llamas?
Conversación.
Palabras mágicas.
Expresiones de uso diario.
Conozcamos nuestra gente.

Don Bosco

Como les decía, me llaman y vivo en un

!país tropical, en donde hay gran cantidad de y

épocas de y no . Las carreteras entre las

son peligrosas; en las selvas hay

En las ciudades las universidades, colegios y hospitales

son famosos. La gente vive a la última moda de París.

Ahora les contaré de mi vida: muy temprano, cuando el

canta salgo a caminar por eso estoy fuerte. Hoy de mañana

frente a la de la esquina me encontré con tres

quienes saben ser curiosas, una de ellas me dijo: sabemos que

te llamas Don Bosco y ese nombre es para perros mayores ja ja ja

Si respondí, sonriendo y mostrándoles mis dientes afilados

me gusta mi nombre y en menos que lo piense estaré viejo

ellas se rieron. De pronto mientras conversaban

pasaron dos y por curiosas perdieron ese

delicioso bocado. ¡Adios Don Bosco! nos vamos porque vienen los

¡Adios gatitas curiosas los ratones ya pasaron

¡ Adios ! ¡ Adios ! ¡ Hasta otro día !

¿Cómo te llamas?

Los nombres propios no siguen las reglas ortográficas.

1. Alicia.
2. Alina.
3. Alba.
4. Ana.
5. Amelia.
6. Berta.
7. Beatriz.
8. Carmen.
9. Carolina.
10. Catalina.
11. Cecilia.
12. Consuelo.
13. Clara.
14. Clemencia.
15. Clementina.
16. Delma.
17. Elena.
18. Eloisa.
19. Emilia.
20. Ester.
21. Esperanza.
22. Erica.
23. Eva.
24. Gabriela.
25. Graciela.

26. Gloria
27. Juanita.
28. Julia.
29. Leonor.
30. Laura.
31. Lourdes.
32. Lucía.
33. María.
34. Mariana.
35. Margarita.
36. Mónica.
37. Naira.
38. Nancy.
39. Ofelia.
40. Hortensia.
41. Olga.
42. Susana.
43. Patricia.
44. Pilar.
45. Rosa.
46. Sandra.
47. Teresa.
48. Ursula.
49. Victoria.
50. Yolanda

¿Cómo te llamas?
Continuación

1. Adán.
2. Adolfo.
3. Alonso.
4. Alfonso.
5. Alberto.
6. Armando.
7. Andrés.
8. Antonio.
9. Arturo.
10. Augusto.
11. Bernardo.
12. Camilo.
13. Carlos
14. Daniel.
15. David.
16. Darío.
17. Enrique.
18. Ernesto.
19. Fernando.
20. Francisco.
21. Germán.
22. Gerardo.
23. Gregorio.
24. Gonzalo.
25. Humberto.

26. Jesús.
27. José.
28. Jorge.
29. Juan.
30. Leonardo.
31. Manuel.
32. Manolo.
33. Marcos.
34. Martín.
35. Miguel.
36. Mauricio.
37. Orlando.
38. Pablo.
39. Pedro.
40. Ramiro.
41. Raúl.
42. Rafael.
43. Reinaldo.
44. Ricardo.
45. Roberto.
46. Salvador.
47. Samuel.
48. Santiago.
49. Teodoro.
50. Víctor

Un genio. Lectura

Genio: "El grado más elevado de talento a que llegan las facultades intelectuales de un ser humano".

El Doctor Edward Witten, considerado el hombre más inteligente del mundo ha sido, por sus ideas y sus dotes de genio, comparado con Newton. Cuenta su padre que, desde muy niño, le podía hablar de asuntos científicos de igual manera como le hablaba a los adultos.
En las escuelas no sabían qué hacer con él, pues en ocasiones sabía más que sus mismos profesores; en los deportes no era muy bueno, pero en Física y Matemáticas era siempre el mejor. Antes de llegar al noveno grado fue adelantado cuatro grados. A los 10 años ganó un campeonato de bridge en un crucero y a los 12 escribía cartas largas para el periódico, oponiéndose a la guerra de Vietnam. A los 28 años era profesor en la Universidad de Princeton y dos años más tarde ganó el premio 'A los genios', ofrecido por la Fundación MacArthur.

De un periódico sintetizo la entrevista que le fue hecha al Dr. Witten, quien dijo: "Tengo la tendencia a imaginar todo de una vez, sin necesidad de lápiz y papel". Describió un día típico de su vida, así: "La mayor parte del tiempo uno ocupa su tiempo haciendo nada; ocasionalmente se le presenta una idea..." (después de una pausa sonrió con timidez. A la pregunta: ¿Qué hace para divertirse? -que parecía no entender- después de un momento, dijo: " Juego bádminton, una vez por semana".
Su esposa, la señora Happy dice: "Ed. tiene en su cabeza el campo encendido, totalmente iluminado, para hacer las conexiones, lo que es una ventaja".
El Dr. Witten, nuestro genio, es alto y de pelo oscuro; sus ojos son penetrantes y parece mirar algo que nosotros no podemos ver. Se viste con sencillez; parece un estudiante recién graduado.

Expresiones de uso diario

a
Tengo hambre.
Tengo sed.
Tengo frío.
Tengo calor.

b
Estoy feliz.
Estoy contento.
Estoy cansado.
Estoy triste.
Estoy indispuesto.
Estoy aburrido.
Estoy angustiado.

c
¿Cuánto vale?
¿Qué precio tiene?
¿Qué debo?
¿Cuánto le debo?
La cuenta por favor.

d
¿Qué hora es?
¿Qué tiempo hace?
Hace buen tiempo.
Hace mal tiempo.

e
¿Quién es?
¿Cuantos son?

Palabras mágicas

Por favor
Gracias
Muchas gracias
De nada
Lo siento
Lo siento mucho
discúlpeme por favor
Perdóneme
Adiós
Hasta la vista
Hasta otro día

¡ Buenos días!
(1 AM hasta el medio día.)

¡ Buenas Tardes!
(Desde el medio día hasta las 5 PM.)

¡Buenas noches
(Tiene que haber oscurecido)

Pinocho

cabeza

pelo
oreja

cejas
ojo
nariz

cuello

brazo
codo
muñeca

pecho

dedo
mano

estómago

corva

uña

pierna
rodilla

pie

Página para colorear; premiar las mejores

Cabeza, cara, sombrero.

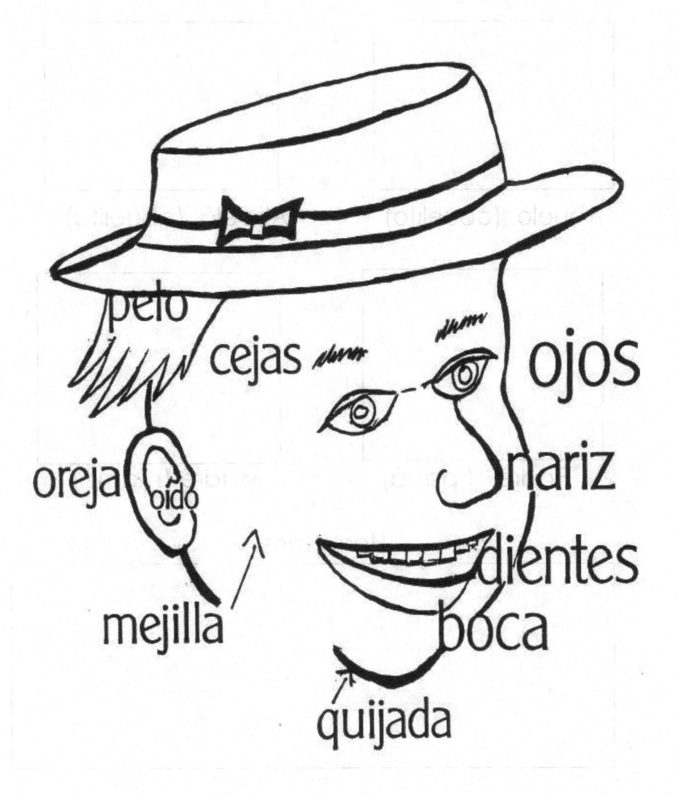

Mi familia

Abuelo (abuelito)

Abuela (abuelita)

Padre   (papá)

Madre (mamá)

Hermanos

Día de mi CUMPLEAÑOS

Que los cumplas feliz,

Que los cumplas feliz,

Que los cumplas (nombre)

Y que los vuelva a cumplir.

¡FELIZ CUMPLEAÑOS!

Cuando la celebración es para varias personas, a cada cual se le debe cantar y decir su nombre separadamente, así sean mellizos o trillizos.

*¿Cuántos años cumples? Cumplo siete años.

(A un adulto no se le debe preguntar su edad.)

En México se cantan "Las Mañanitas". Así:

"Estas son las mañanitas que cantaba el rey David

Hoy por ser día de tu santo te las cantamos a ti."

*Se le dice onomástico cuando es el día del santo patrón .

Mi mamá prepara:

FLAN DE LECHE.

Ella bate cuatro huevos en la licuadora, durante cuatro minutos; entonces agrega, al batido, una lata de leche condensada y licúa tres minutos más; luego le agrega la misma cantidad de leche y continúa batiendo por otros tres minutos.

Acaramela un molde con 3/4 de taza de azúcar que cocina a fuego lento. Cuando el azúcar se derrite, se convierte en caramelo; lo deja reposar y allì vierte el batido y lo asa en el horno (o al baño María) a 350 grados hasta que, al introducirle un palillo, éste salga limpio.

ARROZ SECO O ARROZ BLANCO.

Para seis personas.

A 4 tazas de agua hirviendo le agrega: 4 cucharadas de aceite de oliva, 3 tazas de arroz blanco, sal al gusto y 4 granos de pimienta. Tan pronto comienza a hervir, lo tapa y le baja el calor al mínimo, durante aproximadamente 20 minutos.

Si reemplaza el agua por coca cola y le agrega uvitas pasas antes de taparlo, queda delicioso para comer con pavo.

Tarea: escribo, estas dos recetas de cocina, en primera persona.

Veo la preparación de el OTRO FLAN en la pagina siguiente.

Delicia de fruta

OTRO FLAN:

Ingredientes: 1 lata de leche condensada, 1 taza de crema de leche, 1/2 taza del jugo de la fruta que más me guste.

PREPARACIÓN:

Bato la leche condensada en la licuadora; agrego poco a poco, sin dejar de batir, la crema de leche y por cucharadas el jugo de la fruta. Cuando la mezcla está espesa la pongo en un molde y la llevo al congelador durante 1/2 hora. Lo adorno con ralladura de limón y lo sirvo. NOTA: Si lo deseo menos dulce, pongo un poquito menos leche condensada y si lo deseo firme, disminuyo la cantidad de jugo de fruta.

Salpicón

Corto las frutas que deseo en trozos pequeños y las vierto en un recipiente. Ej. : mango, durazno, uvas, fresas, melón, piña, banano y naranja; las dos últimas no deben faltar. Le agrego azúcar al gusto y le añado jugo o soda de naranja hasta llenar la jarra; debe quedar con suficiente líquido. Lo sirvo frío en vasos altos y pongo al lado una cucharita.

Conozcamos nuestra gente

1. presidente   _____   _____
2. juez   _____   _____
3. astronauta   _____   _____
4. piloto   _____   _____
5. capitán   _____   _____
6. médico   _____   _____
7. cirujano   _____   _____
8. dentista   _____   _____
9. veterinario   _____   _____
10. ingeniero   _____   _____
11. abogado   _____   _____
12. principal   _____   _____
13. profesora   _____   _____
14. sacerdote   _____   _____
15. rabino   _____   _____
16. oficial   _____   _____
17. policía   _____   _____
18. cartero   _____   _____
19. agricultor   _____   _____
20. ganadero   _____   _____
21. comerciante   _____   _____
22. mecánico   _____   _____
23. mensajero   _____   _____

En la primera línea escribo la palabra; en la segunda la traducción. Preguntas: Ej. ¿Quién comanda el buque? El capitán comanda el buque. ¿Quién trae el correo? El cartero trae el correo. ¿Quién es la profesora de español? La profesora de español es la señora Acosta. ¿Quién es el profesor de matemáticas? El profesor de matemáticas es el señor José. ¿Quién es tu médico? Mi médico es el doctor Martín.

Palabras importantes

*arriba

*Manos <u>arriba</u>. Estoy <u>arriba</u>. Vamos para <u>arriba</u>.
<u>Arriba</u> están las estrellas.

_abajo

_Manos <u>abajo</u>. Voy para <u>abajo</u>. <u>Abajo</u> está la pista.

*adentro

*El buque va mar <u>adentro</u>. <u>Adentro</u> están los garajes.

//afuera

// Favor barrer hacia <u>afuera</u>. <u>Afuera</u> hace mucho calor.

-en

– María está <u>en</u> la sala. El canario está <u>en</u> la jaula. Hay servilletas <u>en</u> la caja.

*encima

*Favor poner los platos <u>encima</u> de la mesa y los libros <u>sobre</u> el escritorio.

*sobre

*La carta está <u>sobre</u> el piano

<tras

<Caminen uno <u>tras</u> otro. El preso está <u>tras</u> las rejas.

<<detrás

<< Miguel está <u>detrás</u> de la puerta. El reloj está <u>detrás</u> de la pared.

CAPÍTULO IX
Vocabulario

En la sala. En el comedor.

En la alcoba o dormitorio

En el baño.

En el patio

En el restaurante.

En el teatro.

En la escuela.

En el supermercado.

En la biblioteca.

Vías. Sitios.

Vehículos de transporte.

Nota: El vocabulario de cada página es muy
importante. Puedo hacer listas, en orden
alfabético, para memorizar.

En la sala

el sofá

la lámpara

la silla

el piano

la mesa

Otros: La televisión, el tocadiscos, el radio, la alfombra, los tapetes, las cortinas, los cuadros, los jarrones, las flores, las matas, las pinturas, las porcelanas, los adornos.

En el comedor

los cuadros

la mesa

el asiento

las copas

el frutero

Otros. Dentro del escaparate: Las vajillas, las fuentes, los vasos, los candelabros, los manteles, las servilletas, los cubiertos, las bandejas.

En la alcoba o dormitorio

el peinador   la mesa de noche

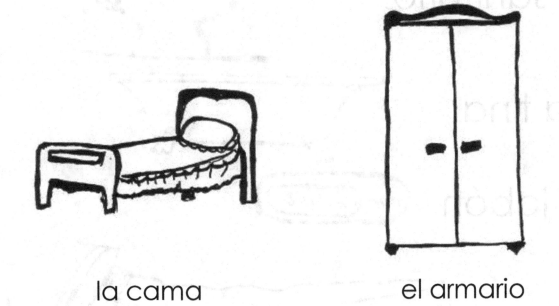

la cama   el armario

Otros. Dentro del guardarropa o armario: Las cobijas, las sábanas, las fundas, las piyamas, los pañuelos, las medias, la ropa interior, los vestidos, las blusas, las camisas, las bufandas, los abrigos, las ruanas, los pañolones, las chaquetas, las sudaderas, los sombreros.

En el baño

El lavamanos

El espejo

El sanitario

La tina

El jabón

La pasta de dientes

Otros: Las toallas, los cepillos de dientes, los cepillos del pelo, las peinillas, los jabones, las lociones, los perfumes, las cremas, las cuchillas, la máquina de afeitar, las tijeras, los cortaúñas.

En la cocina

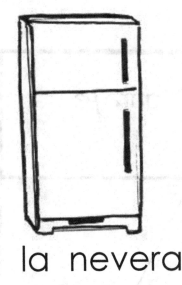

la nevera

la estufa

la olla

la tostadora

los utensilios

Otros: El refrigerador, el horno, la licuadora, la batidora, la cafetera, la tetera, el caldero, el sartén, el molino, el cuchillo eléctrico, el salero, la azucarera, el tarro para las galletas, la caja del pan, el corta latas, los moldes, el colador, el rallador, etc.

En el patio

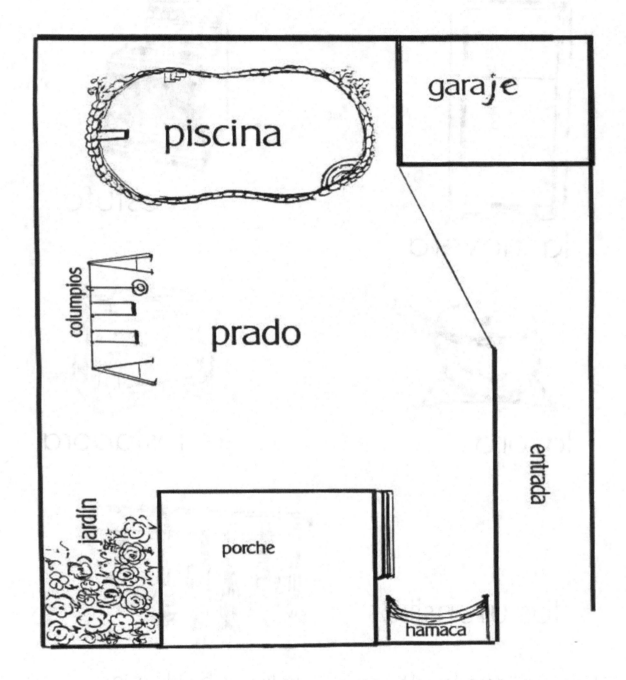

Otros: El tractor o máquina de cortar la grama. La manguera para regar el jardín. La leña para la chimenea. Los abonos para las plantas, los insecticidas para las plagas, el rastrillo para recoger hojas, la escoba para barrer.

Restaurante "Tía Pepita"

pasta

arroz con pollo

el camarero o mesero

langostino

cocinero

pastel

plato

cuchillo

cuchara

servilleta

tenedor

Otras especialidades de nuestros restaurantes.
Paella. Arroz a la Valenciana, Camarones al ajillo. Langosta a la Termidor. Cochinillo. Churrasco. Carne asada. Carne mechada, Papas chorreadas con queso. Puré de papa . Variedad en vegetales. Flan de Leche. Tortas. Bizcochos. Dulces. Té, café, helado, sorbetes, gaseosas, ponqués.

Restaurante "El Preferido"

menú

helados

galletas

papas
fritas

leche malteada

perro caliente

maíz en flor

soda

hamburguesa
con queso

Otros: Emparedados de queso, jamón, pescado. Pastelitos de manzana, pastelitos de durazno, gaseosas, limonada, naranjada, frescos de mango, mora, lulo, badea, guanábana, melón y melocotón etc.

En la escuela

escuela

pizarra

borrador

lápiz

sacapuntas

papel

escritorio

cuaderno

Otros: Salones de clase, repisas, pupitres, libros, bolígrafos, tizas, reglas, compases, diccionarios, colores, goma, tijeras. etc

En la biblioteca

historia

li

literatura

matemáticas

música
religión

idiomas

| español |
| inglés |
| francés |
| alemán |
| italiano |
| latín |

Cuentos e historias

Otros: Enciclopedias, diccionarios, libros de cocina.
Libros de medicina, ingeniería, agricultura, farmacia, etc.

En el teatro

Dibujo en la pantalla de cada televisor,

El ratón Miguelito

Dibujo otra página con cuatro
Televisores más y las siguientes películas:

Blanca Nieves y los Siete Enanitos.
Alicia en el País de las Maravillas.
El Mago de Oz.
El Viejo y el Mar.

Pinocho

Caperucita Roja

En el supermercado

 Frutas

 tortas

 vegetales

 carnes

 dulces

Lugares

La ciudad

La selva

El río

El mar

Dibujo un lago

Las montañas

Vías de comunicación

La carretera

La carrilera

El paso a nivel

El túnel

El puente

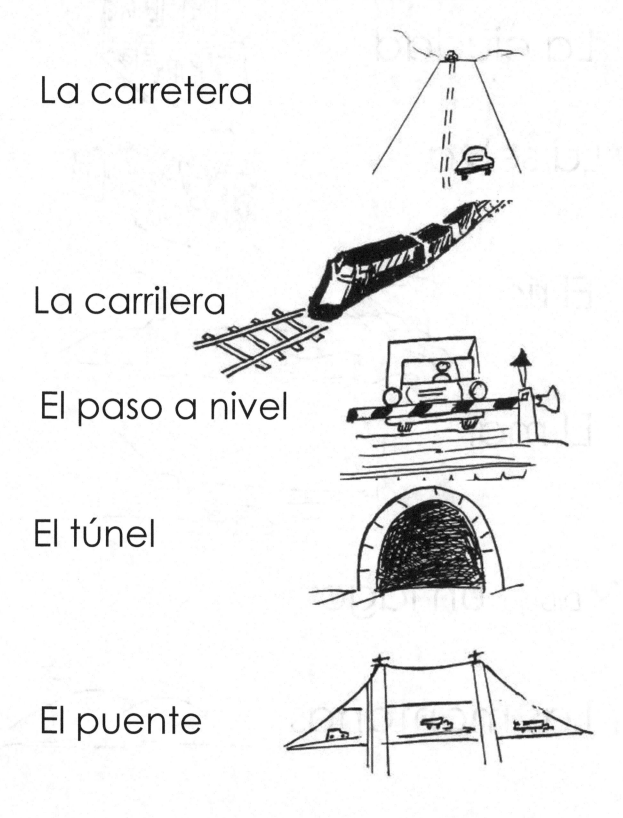

Vehículos de transporte

avión

buque

camión

tren

bus

carro

Otros: El tren de carga, el tren de pasajeros, la limosina, el helicóptero, la ambulancia, la camioneta, el taxi, el coche, la motocicleta, la bicicleta.

CAPÍTULO X
LA NATURALEZA

La naturaleza es hermosa:
Presenta muchos paisajes,
lindos colores, olores y sabores
de sus flores y frutas.

El Sistema Solar

1 Mercurio

Plutón 9   2 Venus

Neptuno 8   El sol   3 La Tierra

Urano 7   4 Marte

Saturno 6   5 Júpiter

Los planetas giran alrededor del sol.
Los planetas no tienen luz propia.
El sol es un astro.
La tierra es un planeta.
La luna es un satélite.
Día es el tiempo que tarda la tierra en girar sobre sí misma.
El año tiene 365 días y 1/4.
Cada cuatro años tenemos el Año Bisiesto de 366 días

luna
Satélite de la tierra.

Las estrellas son astros.

La brújula
Los puntos cardinales son:

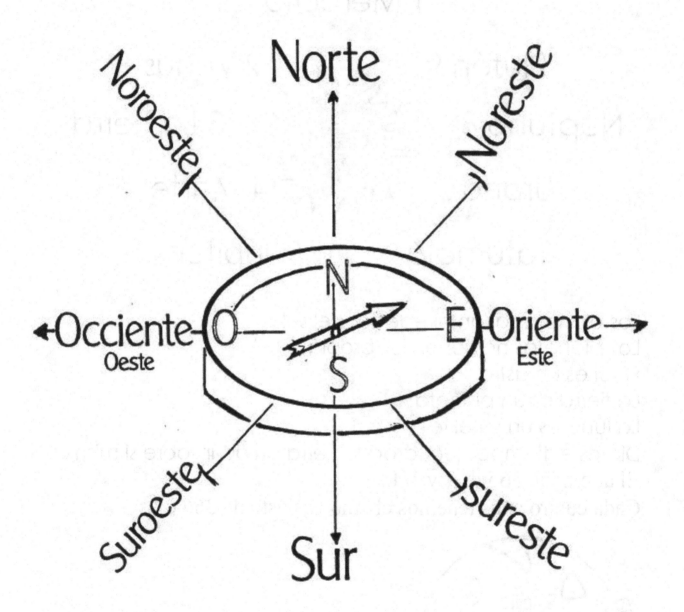

" Estrella de los Vientos" o "Rosa de los Vientos"

Colores

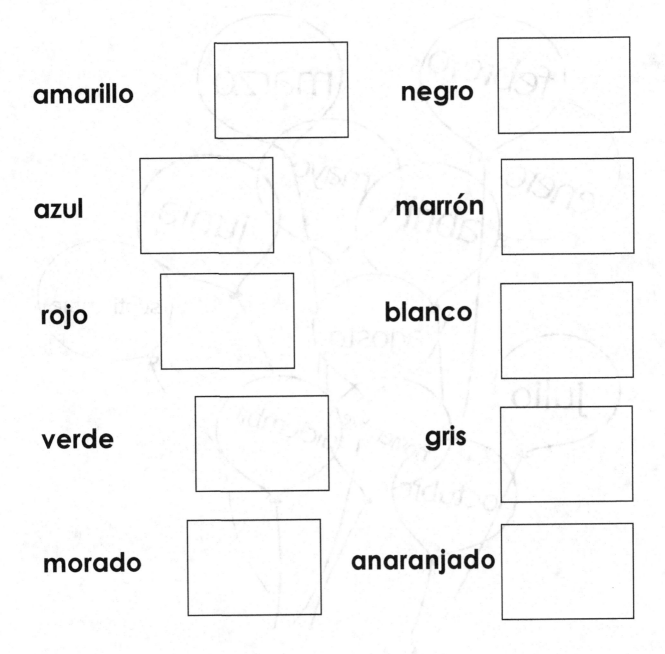

amarillo

negro

azul

marrón

rojo

blanco

verde

gris

morado

anaranjado

Coloreo el cuadro o hago un dibujo de algo alusivo. Ej. En el amarillo, el sol. En el anaranjado una naranja.

Somos Doce

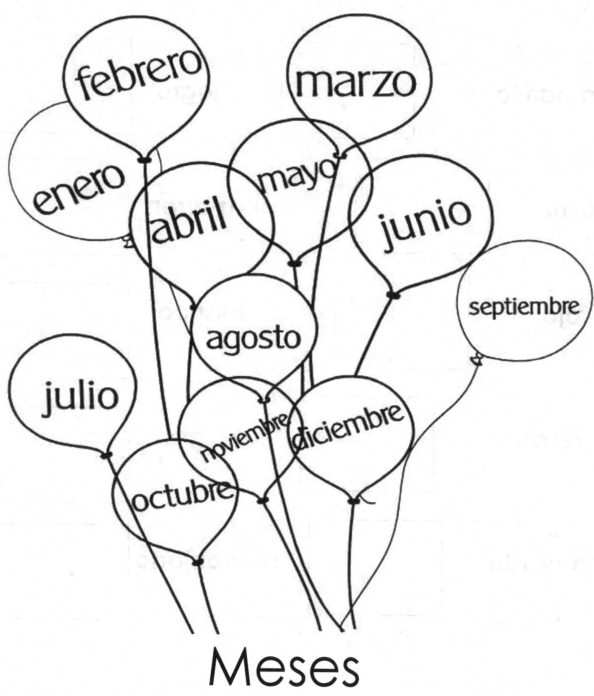

Meses

Para la memoria:
30 días trae noviembre con abril, junio y septiembre;
de 28 sólo hay uno, los demás de 31.

La primavera

Los meses de la primavera son:
Marzo, abril y mayo.

 flores

 **Pascua Florida.**

plantas

El renacer de la primavera siempre es lindo.

El verano
Los meses del verano son:
Junio, julio y agosto

Pasaporte
Dibujo mi pasaporte.

hace calor

maletas

Playa, brisa y mar

El otoño

Los meses del otoño son

Septiembre, octubre y noviembre.

pavo

frutas

En el otoño tenemos el Día de Acción de Gracias

calabaza

Día de las brujas

Aprendo: "No hay ni brujas, ni miedos, ni espantos"
Veo la página de El Día de Acción de Gracias pag. 161

El invierno

Los meses del invierno son:

Diciembre, enero y febrero.

¡Feliz Navidad!
¡Feliz Año Nuevo!
¡Felices fiestas!

La semana

La semana tiene siete días.

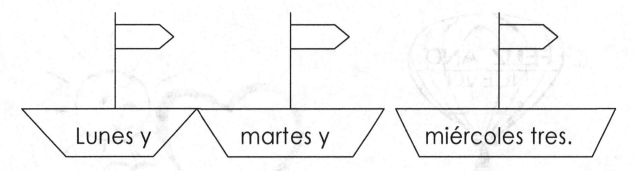

Lunes y   martes y   miércoles tres.

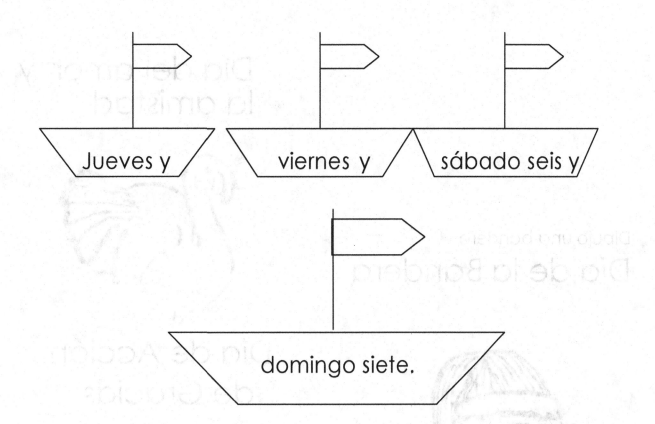

Jueves y   viernes y   sábado seis y

domingo siete.

Días de fiesta

Día del amor y la amistad

Dibujo una bandera
Día de la Bandera

Día de Acción de Gracias

Feliz Navidad   Felices fiestas

Frutas

1. anón
2. *banana
3. badea
4. breva
5. caimito
6. cereza
7. ciruela
8. coco
9. chirimoya
10. durazno
11. fresa
12. granada
13. granadilla
14. guama
15. guayaba
16. guanábana
17. icaco
18. lima
19. lulo
20. manzana
21. mango
22. mandarina
23. mamey
24. membrillo
25. mamoncillo
26. marañón
27. melón
28. mora
29. naranja
30. níspero
31. papaya
32. pera
33. sandía
34. piña
35. pomarrosa
36. toronja
37. tamarindo
38. uvas

Tarea: Hago fruteros.
¿Qué hay en tu frutero? En mi frutero hay: una piña, tres mangos y cinco bananos.

Flores

1. anémona	16. hortensia
2. amapola	17. jazmín
3. alhelí	18. lila
4. azucena	19. lirio
5. azalea	20. loto
6. begonia	21. magnolia
7. buganvilla	22. margarita
8. cartucho	23. narciso
9. clavel	24. orquídea
10. crisantemo	25. petunia
11. dalia	26. pensamiento
12. geranio	27. ponsetia
13. gardenia	28. rosa
14. girasol	29. rododendro
15, gladiolo	30. violeta

Tarea: Hago dos floreros: Para mis abuelos, uno con 4 azucenas, 2 lirios y 6 amapolas. Otro, para mi madre, con doce rosas rojas.

El reino animal

1. El armadillo
2. La ballena
3. El burro
4. El búfalo
5. El camello
6. El caballo
7. El cerdo
8. El cocodrilo
9. El conejo
10. El delfín
11. El dinosaurio
12. El dromedario
13. El elefante
14. La foca
15. El gato
16. El hipopótamo
17. La iguana
18. La jirafa
19. El jabalí
20. El león
21. El lagarto
22. El lobo
23. El mico
24. El oso
25. La oveja
26. El orangután
27. El perro
28. El puma
29. La pantera
30. La rana
31. El rinoceronte
32. La serpiente
33. El sapo
34. El tigre
35. La tatacoa
36. La tortuga
37. El toro
38. La vaca

Insectos

El ciempiés

El grillo

La hormiga

La luciérnaga

La abeja

CRUCIGRAMA
Minerales y Piedras Preciosas

B	D	I	C	A	R	B	O	N	A	P	O
C	A	G	U	A	M	A	R	I	N	A	R
F	C	O	B	R	E	Q	N	I	L	A	I
O	N	I	T	A	L	P	I	A	Z	P	F
O	P	A	L	O	R	D	Q	E	R	E	A
E	R	B	O	C	L	O	U	N	I	S	Z
D	E	S	T	A	O	Q	E	P	A	T	A
I	P	L	P	O	R	M	L	L	O	A	F
A	C	D	O	U	O	T	A	O	F	Ñ	I
M	O	M	T	A	I	T	E	M	L	O	R
A	B	C	A	R	B	O	N	O	P	Z	O
N	R	D	I	A	U	M	A	N	L	T	S
T	E	S	M	E	R	A	L	D	A	S	I
E	P	O	N	I	T	A	L	P	T	I	N
S	U	M	B	R	O	N	C	E	A	C	D

aguamarina
bronce
carbón
cobre
diamante
esmeralda
estaño
níquel

oro
plata
platino
plomo
ópalo
rubí
zafiro

** Los estudiantes pueden hacer crucigramas, de tarea, para Intercambiar en el salón de clase.

GLOSARIO

Ana
abeja
ala
alma
alto
armadillo
amiga
anillo
animal
año
araña
azul
bala
bata
bate
balón
banana
baño
bebida
beca
betún
billete
bisonte
bote
burro

buzo
calor
calma
caliente
cama
color
camisa
campesino
carcajada
capilla
caracol
carmelita
carro
cartera
coco
coche
colmena
comida
coral
cuaderno
cucaracha
cuchara
cuchillo
cuna
cuneta
cupón

cupido
centavo
cepillo
cerdo
cinta
cuaderno
chapa
chino
chiste
chompa
chupo
dado
dama
dedo
delicioso
dentista
día
diamante
diccionario
diente
disco
doce
docena
doctor
dueto

Cada estudiante hace la traducción de varias palabras. Construye frases y trabaja con ellas hasta aprender su significado,

GLOSARIO

elefante

español

falda

faro

famoso

feo

feliz

fiesta

foco

foca

fósforo

fotógrafo

fútbol

gallina

gallo

gato

goma

girasol

gordo

gorrión

guante

gusano

general

girasol

gitano

hilo

haba

hada

hamaca

helado

helicóptero

hermano

hermoso

hielo

Inés

iglesia

Isabel

iguana

jabón

jalea

jamón

jefe

jeringa

jirafa

jinete

junio

jugador

juez

joven

kilo

kilómetro

kimono

lago

lámpara

lana

lata

leche

león

leña

libro

lápiz

limón

loco

locomotora

lotería

lago

loro

luna

lupa

lucero

llama

llave

llavero

GLOSARIO

mamá	nuevo	regalo
madera	ñame	rosa
mango	oro	rueda
mata	oso	sal
manto	otoño	sala
manos	pan	sandalia
mariposa	paloma	semana
maleta	papá	sapo
manzana	papel	señora
mármol	palma	silla
mesa	panal	sombrero
meta	pato	tenis
metal	payaso	tía
mes	perla	toro
mico	pelota	uva
miel	pino	vaso
mil	pimienta	vaca
millón	pito	valija
moneda	pólvora	violín
moto	pulpo	yate
muela	queso	yoyo
mula	quebrado	yuca
música	quinto	zapatilla
navidad	quinta	zancudo
naranja	quincena	zarza
nariz	rama	zanahoria
nena	rata	zorro
norte	remo	zafiro

* La traducción con palabras o dibujitos es muy importante

GLOSARIO

Verbos regulares cuya terminación es -**ar**.

am**ar**	enseñ**ar**	plant**ar**
ador**ar**	fabric**ar**	rest**ar**
abraz**ar**	habl**ar**	rez**ar**
anot**ar**	lanz**ar**	ronc**ar**
bail**ar**	lim**ar**	salt**ar**
bes**ar**	limpi**ar**	prepar**ar**
cant**ar**	lleg**ar**	sud**ar**
camin**ar**	llor**ar**	particip**ar**
convers**ar**	mir**ar**	sum**ar**
coquet**ar**	medit**ar**	suspir**ar**
color**ear**	memoriz**ar**	silb**ar**
confi**ar**	mand**ar**	toc**ar**
convers**ar**	multiplic**ar**	tom**ar**
critic**ar**	martill**ar**	trabaj**ar**
charl**ar**	nad**ar**	trag**ar**
dict**ar**	odi**ar**	trast**ear**
dispar**ar**	orden**ar**	trin**ar**
dud**ar**	organiz**ar**	trot**ar**
don**ar**	patin**ar**	viaj**ar**
esqui**ar**	pit**ar**	visit**ar**
endulz**ar**	pint**ar**	zarp**ar**
	pesc**ar**	

La conjugación es así:

La terminación -**ar** de los verbos regulares se reemplaza por la desinencia -**o** para la primera persona del singular, para la segunda persona es -**as**. Para la tercera persona es -**a**. Para la primera persona del plural -**amos**. Para la segunda persona -**áis**. Para la tercera persona -**an**.

Yo cant**o**	Nosotros, nosotras cant**amos**
Tú cant**as**	Vosotros, vosotras cant**áis**
El, ella, usted (Ud.) cant**a**	Ellos, ellas ustedes (Uds.) cant**an**

GLOSARIO

Verbos regulares cuya terminación es -**er** -**ir**

Infinitivo es el nombre de verbo y siempre termina en ar, er, ir.

prend**er**	acud**ir**
aprend**er**	asist**ir**
barr**er**	añad**ir**
beb**er**	bat**ir**
com**er**	escrib**ir**
comprend**er**	cubr**ir**
cos**er**	cumpl**ir**
descos**er**	divid**ir**
desprend**er**	resist**ir**
le**er**	sub**ir**
met**er**	sufr**ir**
tej**er**	percib**ir**
socorr**er**	pul**ir**
tos**er**	part**ir**
	viv**ir**

Los verbos regulares cuya terminación es -**er** o -**ir** tienen, como los terminados en -**ar**, la misma conjugación para la primera persona del singular **O**.

Para la conjugación de las demás personas tengo que memorizar las terminaciones de la pag. 137.

GLOSARIO
Adjetivos Calificativos
La segunda columna contiene los opuestos.

alto	bajo, bajito
atento	desatento
amable	hosco
arriesgado	tímido
arrogante	modesto, humilde
bueno	malo
bonito, lindo, bello	feo
bondadoso	perverso
cauteloso	franco
discreto	indiscreto
diligente	perezoso
divino	humano
grande	pequeño
generoso	tacaño
gordo	delgado, flaco
inteligente	ignorante
introvertido	extrovertido
paciente	impaciente
simpático	antipático
seguro	inseguro
sincero	mentiroso
valiente	cobarde

Síntesis de la gramática

ARTICULOS DEFINIDOS el, la, los, las pag. 130

ARTICULOS INDEFINIDOS un, una, unos, unas pag. 131

PRONOMBRES PERSONALES DEL SINGULAR pag. 133

yo

tú

él, ella, usted (Ud.)

PRONOMBRES PERSONALES DEL PLURAL pag. 134

nosotros, nosotras

vosotros, vosotras

ellos, ellas, ustedes (Uds.)

ADJETIVOS POSESIVOS pag. 141

mi, mi libro   **mis,** mis libros

tu, tu hermana   **tus,** tus hermanas

su, su gato   **sus,** sus gatos

nuestro, nuestro carro   **nuestros**, nuestros carros

nuestra, nuestra maestra   **nuestras,** nuestras maestras

vuestro ,vuestro profesor   **vuestra**, vuestra profesora

vuestros, vuestros trabajos **vuestras,** vuestras tareas

Funcionan como pronombres posesivos, las formas:

mío, mía/ tuyo, tuya/ suyo, suya/ nuestro, nuestra

vuestro, vuestra. Pag. 141

ADJETIVOS DEMOSTRATIVOS pag.. 139

Este/ esta/ ese/ esa/ aquel/ aquella

PALABRAS INTERROGATIVAS pag. 138 140

¿Qué? ¿Quién? ¿Quiénes? ¿Cuál? ¿Cuáles? ¿Dónde?

¿Adónde? ¿Cuándo? ¿Cómo? ¿Cuánto? ¿Cuántos?

Anotaciones importantes

Palabras de una sola sílaba se llaman **monosílabas**. Ej.: Yo, paz.
Palabras de dos sílabas se llaman **bisílabas.** Ej.: Libro, lápiz, luna.
Las de tres sílabas se llaman **trisílabas**. Ej.: Escuela, pupitre.
Las de cuatro sílabas se llaman **polisílabas.** Ej.: Bolígrafo.

Acento: Es la fuerza con el que se pronuncia una sílaba en cada palabra. Ej.: En *casa*, la sílaba acentuada es **ca.**
Tilde: Es la rayita (/)que se pone sobre la **vocal** de la sílaba acentuada.
Todas las palabras tienen **acento,** pero no todas tienen **tilde.**

Palabras agudas: Son las que llevan el **acento** en la última sílaba. Ej.: Arroz. Pero solamente se les marca la **tilde** si terminan en **vocal, n,** o **s.** Ej.: Ma**má**, pa**pá**, ne**né**, ca**fé**, sar**tén**, cora**zón**, lim**ón**, Jes**ús**, pa**ís**, Bogo**tá**, Pa**rís**, Pe**rú**.
Palabras graves: Son las que llevan el **acento** en la penúltima sílaba Ej.: ven**ta**na, **Ro**ma. Se les marca la **tilde** si terminan en consonante que no sea ni **n** ni **s.** Ej.: **Lá**piz, a**zú**car, **cés**ped, **ár**bol, **fá**cil, di**fí**cil.
Palabras esdrújulas: Son las que llevan el acento en la antepe**nú**ltima sílaba. **Siempre** se les marca la **tilde.** Ej.: **Pá**jaro, **plá**tano, **cás**cara, **ár**bitro, bo**lí**grafo, **pá**gina, e**xá**menes.

Nociones de puntuación.
La coma (,) Señala una pausa en la lectura. Divide palabras o frases cortas en una enumeración. Ej.: Susana, Patricia, María, Martín, Miguel, José y David van para la playa. Ellos miran las olas, juegan con la arena, leen libros y oyen música.
El punto y coma (;) Separa oraciones(frases) que tienen alguna relación. Ej.: Vengan a Colombia, serán bienvenidos; no lo duden.
Los dos puntos (:) Van después de expresiones de saludo. Queridos amigos:
Punto (.) Señala pausas definidas. Si hay que seguir en la misma línea se dice **punto seguido.** Si es **punto aparte,** hay que cambiar de línea.
Punto final quiere decir que la tarea o dictado ha terminado.

ESTADOS UNIDOS DE NORTE AMERICA

PASAPORTE No

_____

Fecha

_____

Vencimiento

Apellidos. _____ _____

Nombre. _____

Fecha de nacimiento. _____

Domicilio. _____
_____

Teléfono. _____

Firma. _____

Banderas

Recorto y pego, o dibujo las banderas.

ARGENTINA

BOLIVIA

COLOMBIA

COSTA RICA

CHILE

ECUADOR

ESPAÑA

GUATEMALA

HONDURAS

MEXICO

NICARAGUA

PARAGUAY

PERU

PUERTO RICO

REP. DOMINICANA

SAN SALVADOR

URUGUAY

VENEZUELA

Los Pollitos

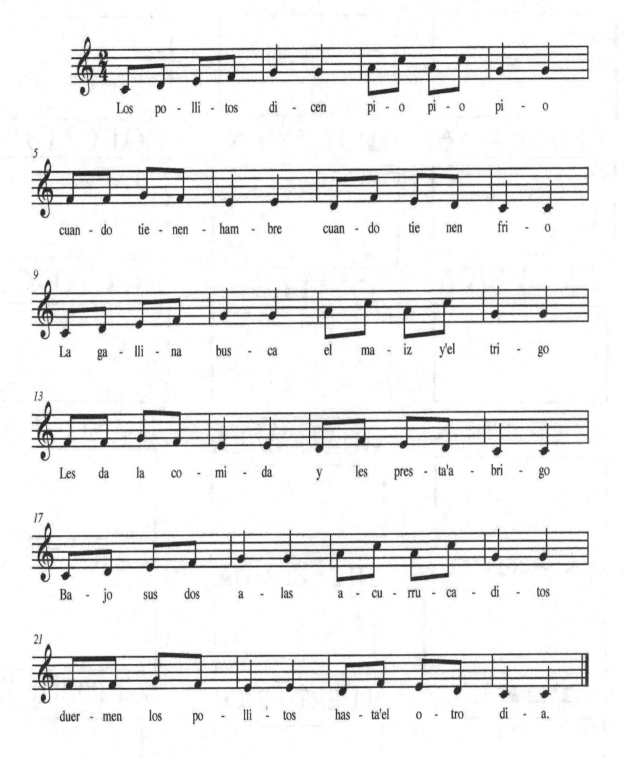

Los po - lli - tos di - cen pi - o pi - o pi - o

cuan - do tie - nen - ham - bre cuan - do tie - nen fri - o

La ga - lli - na bus - ca el ma - iz y'el tri - go

Les da la co - mi - da y les pres - ta'a - bri - go

Ba - jo sus dos a - las a - cu - rru - ca - di - tos

duer - men los po - lli - tos has - ta'el o - tro di - a.

Guantanamera

Yo soy un hom-bre sin-ce-ro   de don-de
Mi ver-so's de'un ver-de cla-ro   y de'un car-

Con los po - bres de la tie-rra,   quie-ro yo

cre - ce la pal - ma.   Yo soy un hom-bre sin-ce-ro   de don-de
min en-cen di - do.   Mi ver-so's de'un ver-de cla-ro   y de'un car
mi suer te'e char.____   Con los po - bres de la tie rra   quie-ro yo

cre - ce la pal - ma.   Y'an-tes de mo-rir-me quie - ro   e - char mis
min en-cen - di - do.   Mi ver so's un cier vo'he-ri - do   que bus-ca'en
mi suer te'e - char.____   El a - rro-yo de la sie - rra   me com-pla-

ver - sos del al - ma   Guan - ta - na-me-ra,   gua-ji - ra
el mon-te'am - pa - ro
ce mas que'el mar.____

Guan - ta-na-me ra....   Guan - ta-na me - ra,   gua ji - ra Guan - ta-na me -

ra.

Las Mañanitas

1.Es - tas son las Ma - ña - ni - tas que can-
2.Si'el se re - no de la'es - qui - na me quie-

ta - ba'el Rey Da - vid Y'hoy por ser dia de tu
ra'ha - cer el fa - vor de'a - pa - gar me la ve-

san - to te las can - ta - mos a ti. Des
li - ta mien - tras le can to'a mi'a - mor

pier - ta mi bien des - pier - ta mi - ra que ya'a - ma - ne-

cio. Ya los pa - ja - ri - tos can - tan la lu - na

ya se'o - - - cul - - - to.

Noche de Paz

Cielito Lindo

De la Sie - rra Mo - re - na, cie - li - to lin - do vie -
Si to - dos es - tu - dia - mos, cie - li - to lin - do to -

nen ba - jan - do, un par de'o - ji - tos
dos los di - as; las no - tas de'ex - ce

ne - gros cie - li - to lin - do de con - tra - ban - do.
len - cia cie - li - to lin - do, bien me - re - ci - das.

Ay! Ay! Ay! Ay! Can - ta'y no

llo - res! Por - que can - tan - do se'a - le - gran cie -

li - to lin - do los co - ra - zo - nes!